Psychologie für Anfänger

Einführung in die Grundlagen der Psychologie

25 psychologische Effekte leicht erklärt

von Victor Langbehn

1. Auflage

Inhaltsverzeichnis

Vorwort

Psychologische Mechanismen sind ein Thema, welches schon lange erforscht wird. Diese Mechanismen haben uns tagtäglich im Griff und kontrollieren auch unser Verhalten. Umso wichtiger ist es, sich dessen bewusst zu werden, um weiterzukommen und letztlich auch wieder selbst die Kontrolle über seine Gedanken- und Gefühlswelt und somit auch sein Verhalten zu erlangen.

Hierfür brauchst Du eine stabile Grundlage, auf der Du aufbauen kannst. Genau darum werden wir uns zuerst kümmern. Auch wenn es ein bisschen Zeit und Energie in Anspruch nehmen wird, so wirst Du dennoch schnell bemerken, dass es sich auszahlen wird. Trotz theoretischer Einführung in das Thema, ist dieser Ratgeber dennoch zum größten Teil praxisorientiert aufgebaut. Du kannst es Dir im Grunde wie beim Fitnesstraining vorstellen. Was bringt es Dir zum zwölften Mal ein Buch über die Theorie zu lesen, wenn Du immer noch keine Hantel in die Hand genommen hast? Ganz richtig: Gar nichts! Umso wichtiger ist es, dass Du beim Lesen dieses Buches auch immer wieder in Aktion trittst.

Beim Lesen solltest Du stets darauf achten, dass Du Dir lieber zu viel, als zu wenig Zeit nimmst. Wenn Du das berücksichtigst, wirst Du merken, dass Du einen großen Schritt weiterkommst und Deine Ziele auch viel einfacher realisieren kannst. Es bringt nichts, dieses Buch in einem Zug zu überfliegen, wenn Du im Nachhinein letztlich nichts daraus mitgenommen hast.

In den meisten Fällen macht es sogar Sinn, ein bestimmtes Kapitel ein zweites Mal durchzulesen, um sicherzugehen, dass Du auch wirklich alles verstanden hast. Auch Notizen, die Du Dir beim Lesen machst, können sehr hilfreich sein. Unser Gehirn neigt nämlich dazu, gerne Dinge zu vergessen. Umso wichtiger ist es, dass wir uns bestimmte Informationen immer wieder von neuem ins Gedächtnis rufen. Das funktioniert in der Praxis tatsächlich auf die altmodische Art am besten – mit einem Papier und einen Stift.

Bei der Umsetzung solltest Du immer darauf achten, Dir realistische Ziele zu setzen. Mit diesen Worten möchte ich auch schon die Einführung beenden und wünsche Dir viel Spaß beim Lesen.

Psychologie für Anfänger: psychologische Mechanismen einfach erklärt

Was ist das eigentlich – Psychologie?

Sigmund Freud, der Urvater der Psychologie, und seine Werke beeinflussen auch heute noch viele Praktiken und Therapieformen. Doch was ist eigentlich Psychologie, und was macht sie so besonders? Ganz objektiv betrachtet, ist die Psychologie zunächst einmal nichts anderes, als eine empirische Wissenschaft, die das menschliche Denken und Handeln erklärt. Hierbei werden im Rahmen der Psychologie immer die äußeren und inneren Ursachen und Umstände unter die Lupe genommen.

Die Psychologie, so wie wir sie heute kennen, wurde jedoch nicht nur von dem Urvater der Psychoanalyse geprägt. Auch die Philosophie leistete ihren Beitrag und hat den heutigen Stand der praktizierten Psychologie im großen und direkten Ausmaß beeinflusst. Viele Lehren des Philosophen Sokrates und seinesgleichen werden

auch heute noch von Psychologen für diverse Therapien übernommen und weiterentwickelt.
Im alltäglichen Geschehen ist die Psychologie vor allem als Verhaltenspsychologie bekannt. Das Ziel der Verhaltenspsychologie ist es, das menschliche Verhalten besser zu verstehen und gegebenenfalls auch positiv zu verändern. Eine geeignete Problemlösung zu finden ist hierbei das primäre Ziel. In den letzten Jahren hat dabei das NLP (Neurolinguistisches Programmieren) immer stärkeren Einfluss auf die Psychologie genommen. Begründet kann diese Tatsache dadurch werden, dass das NLP besonders praktisch ist und schon innerhalb von wenigen Wochen die gewünschten Ergebnisse hervorruft.

Wenn man nach den Ursprüngen der Psychologie sucht, dann wird man diese sehr schnell im 19. Jahrhundert wiederfinden. Auch die Befürworter der Aufklärung, wie zum Beispiel Immanuel Kant, spielen bei der Theorie und Praxis der heutigen Psychologie eine bedeutende Rolle. In Leipzig wurde 1879 von Wilhelm Wundt und Gustav Theodor Fechner das Institut für experimentelle Psychologie gegründet. Einige Jahre später, 1896 um genau zu sein, verwendete Sigmund Freud zum ersten Mal den Begriff Psychoanalyse.

Der Fokus dieses Ratgebers liegt hauptsächlich auf psychologische Mechanismen. Du fragst Dich vielleicht, warum das der Fall ist, und warum wir uns ausgerechnet für dieses Thema entschieden haben. Im Grunde ist es recht einfach erklärt.
Wir haben schon zu Beginn festgestellt, dass es das primäre Ziel der Psychologie ist, das menschliche Verhalten besser verstehen zu können. Ferner wissen wir mittlerweile auch, dass der Mensch ein Gewohnheitstier ist. Das bedeutet also, dass wir bestimmte Dinge in einer bestimmten Art tun, weil wir es über die Jahre genauso gelernt haben. Wir haben uns ein gewisses Glaubenssystem aufgebaut, welches uns selbst und insbesondere auch unser alltägliches Verhalten bestimmt. Dieses Glaubenssystem unter die Lupe zu nehmen und es auch kritisch zu hinterfragen, ist von großer Bedeutung. Denn nur dadurch ist es möglich, dass man einen Schritt voran kommt, und beispielsweise Verhaltensweisen gezielt verändert. Wenn man nämlich nach den Ursprüngen und Auslösern von unseren Verhaltensweisen sucht, dann wird man sehr schnell bei unseren Gedanken landen. Psychologische Mechanismen zu kennen und zu verstehen, gehört nicht nur zu den Grundlagen der Psychologie, sondern wird Dir auch

direkt dabei helfen, Deine eigenen Verhaltensweisen und Verhaltensmuster besser zu erfassen.

Die meisten Menschen sind sich ihrer Handlungen gar nicht bewusst. Sie leben - Tag ein, Tag aus. Wenn sie dann vor einem Problem stehen, dann fragen sie sich möglicherweise auch, woher es kommt, und wie es dazu kam. Der Ursprung dieser Probleme wird jedoch in den meisten Fällen nicht ausreichend hinterfragt, was dazu führt, dass man auch keine zufriedenstellende Lösung für das besagte Problem finden kann. Genau aus diesem Grund haben wir uns dazu entschieden, unseren Fokus im Rahmen dieses Ratgebers auf besagtes Thema zu legen. Wir wollen die Ursachen kennen und verstehen, um diese anschließend auch besser in Angriff nehmen zu können. Nur wenn wir derartig vorgehen, werden wir auch weiterkommen und letztendlich das schaffen, was wir uns vorgenommen haben.

Bei den folgenden Kapiteln solltest Du Dir auf jeden Fall ausreichend Zeit lassen. Es wird Dir nicht viel bringen, die Themen nur zu überfliegen, ohne dabei die Gedankengänge und den Sinn dahinter verstanden zu haben. In vielen Fällen ist es sogar empfehlenswert, sich zusätzlich die Zeit zu nehmen, um ein Kapitel zum Beispiel ein zweites Mal durchzulesen, anstatt es einfach nur zu überfliegen. Wenn Du das Gefühl hast, dass Dir zu viele Informationen, zu schnell vermittelt werden, dann kannst Du das Buch zwischendurch auch einfach zuklappen und zur Seite legen.

An dieser Stelle sei auch erwähnt, dass Praxisbezug eine wichtige Rolle spielt. Gehe den Text Schritt für Schritt durch, und versuche das Gelernte in die Praxis umzusetzen, bevor Du wieder zum Buch greifst und weiterliest. Die Verarbeitung in kleinen Etappen ermöglicht es Dir, die Informationen ausreichend verinnerlichen zu können, um sie anschließend überzeugend realisieren zu können.
Vieles von dem, was Du im Folgenden lesen wirst, kann im ersten Moment irritierend und möglicherweise sogar verletzend sein. Das liegt daran, dass wir oftmals Dinge, die nicht gerade zu unseren positivsten Seiten gehören, nicht wahrhaben wollen. In den meisten Fällen bedeutet das nämlich auch, dass Du Dein Verhalten und Deine Gedankengänge nicht nur hinterfragen, sondern gegebenenfalls sogar in Frage stellen musst. Unser Verstand wurde jedoch in den letzten Jahrhunderten stets darauf trainiert, Schmerz zu vermeiden und so viel Glück wie nur möglich zu empfinden.

Diese Leitlinie oder auch Weisheit war schon bei den Philosophen im alten Griechenland bekannt.

Doch warum ist gerade diese Information so wichtig, und in welcher Hinsicht kann sie Dir weiterhelfen? Wenn Du merkst, dass bestimmte Informationen Dich im hohen Ausmaß verwirren und verletzen, dann weißt Du, dass genau das die Stelle ist, bei der Du persönlich ansetzen musst. Es mag im ersten Moment "sadistisch" klingen, aber nur so kommst Du weiter, und wirst schlussendlich das erreichen, was Du Dir vorgenommen hast.

Psychologie einfach gemacht: Erklärung psychologischer Mechanismen

Nun wollen wir auch direkt in das Thema einsteigen. Welche psychologischen Mechanismen gibt es eigentlich, und warum sind diese so wichtig? Das ist eine sehr gute Frage, die sich gar nicht so einfach beantworten lässt. Auch wenn die Psychologie, im Gegensatz zu anderen Wissenschaften, nicht allzu alt ist, ist sie dennoch reich an verschiedenen Informationen, und vor allem auch reich an unterschiedlichen Theorien. Umso schwieriger ist es daher, pauschal eine Aussagen diesbezüglich zu treffen. Genau aus diesem Grund ist es wichtig, an dieser Stelle so genau wie möglich zu sein, um folglich bei sich selbst ebenso individuell wie möglich ansetzen zu können.

Wir haben jedoch schon am Anfang festgestellt, dass es menschliche Muster gibt, die man sehr wohl erkennen und auch benennen kann. Genau um diese Thematik wird es auch im Folgenden gehen. Ich werde Dir Schritt für Schritt die verschiedensten psychologischen Mechanismen erklären, und Dir zeigen, wie Du diese auch in die Praxis umsetzen kannst. Ich werde Dir konkrete

Tipps und Tricks an die Hand geben, mithilfe derer Du ganz einfach Deine Verhaltensweisen im Alltag analysieren und auch verbessern kannst.

Grundvoraussetzung hierfür ist allerdings, dass Du auch wirklich den Willen zur Veränderung mitbringst.

Psychologische Mechanismen richtig verstehen

Abwehrmechanismus: Abwehrmechanismus ist ein Begriff, der in der Psychoanalyse vor allem von Sigmund Freud geprägt wurde. Diese Mechanismen haben in erster Linie den Zweck, Konflikte, die miteinander in psychischen Tendenzen stehen, zu bewältigen und richtig zu kompensieren. Dazu zählen zum Beispiel Dinge wie Triebe, Wünsche, Motive und Werte. Vereinfacht ausgedrückt bedeutet es, dass ein konfliktfreier Zustand angestrebt wird.

Da der Abwehrmechanismus, ebenso wie alle anderen psychischen Mechanismen, unbewusst abläuft, bemerken die allerwenigsten Menschen etwas von ihm. Umso wichtiger ist es, dass wir diese Mechanismen genauer unter der Lupe nehmen und uns auch überlegen, was wir dagegen tun können.

Bei Abwehrmechanismen differenziert man zwischen „reiferen“ (z.B. Verdrängung) und „unreiferen“ (z.B. Spaltung) Mechanismen. So kommt es nicht selten vor, dass man bestimmte Konfliktsituationen verdrängt oder eher gewillt ist nachzugeben, um schneller einen konfliktfreien Zustand zu erreichen.

Was man in solch einem Fall jedoch nicht berücksichtigt hat ist, dass man das Problem durch sein Verhalten gar nicht aus der Welt geräumt hat. Man hat lediglich den Schmerz für einen kurzen Moment eliminiert. Es findet somit eine kurze **Verdrängung** statt, die nicht nur scheinbar das Problem löst, sondern dem Unterbewusstsein auch noch vorspielt, dass alles in bester Ordnung ist. Es ist also nicht verwunderlich, dass Abwehrmechanismen im schlimmsten Fall sogar dazu führen können, eine Konfliktsituationen mit sich selbst oder einer anderen Person zu verschlimmern.

Ein Abwehrmechanismus sollte jedoch niemals als eine separate Handlung betrachtet werden. Wenn sich eine Person auf eine bestimmte Art und Weise verhält, tut sie das in der Regel nicht ohne Grund. In den meisten Fällen stecken tiefere Ursachen dahinter, die man auf jeden Fall genauer analysieren sollte.

Abwehrmechanismen stellen in der Psychologie nicht nur widerstrebende Aktivitäten dar, sondern dienen gleichzeitig auch zum Schutz des seelischen Gleichgewichts.

Doch warum ist es überhaupt so wichtig zu verstehen, was ein Abwehrmechanismus ist, und wie können einem diese Information im Alltag helfen, bestimmte Situationen besser zu bewältigen? Es ist im Grunde ganz einfach: Wenn wir etwas in unserem Leben verändern wollen, müssen wir im ersten Schritt zunächst verstehen, warum wir auf eine bestimmte Art und Weise handeln.

Genau aus diesem Grund wollen wir uns im Folgenden anschauen, in welcher Form Abwehrmechanismen zur Geltung kommen. Die häufigste Form ist, wie bereits angedeutet, die Verdrängung. Aufgabe dieses Mechanismus ist es, das Ich vor jedem bedrohlichen Einfluss zu schützen. Unser Ich spiegelt unser Ego wieder, welches mit seinen Überzeugungen und Glaubenssätzen in jeder Situation Recht haben will. Genau deswegen wird das Ich auch alles tun, um seine Überzeugungen zu bekräftigen, um in dem Recht zu behalten, an was es glaubt.

So ist es auch nicht verwunderlich, dass die Verdrängung das bewusste Erinnern an ein Erlebnis erschwert. Gefühle wie zum Beispiel Schuldgefühle, Scham vor anderen Menschen oder die Minderung des Selbstwertgefühls von anderen Leuten werden vom Über-Ich und Ich verdrängt. Hier ist auch der Ursprung der allermeisten Probleme. Nur weil man Gefühle verdrängt, bedeutet das noch lange nicht, dass sie verschwinden.

Du kannst Dir das wie bei einem Dachboden vorstellen. Du stellst immer mehr Gegenstände auf diesem Dachboden ab, ohne diesen einmal richtig auszuräumen. So dauert es auch nicht lange, bis sich irgendwann so viele Gegenstände auf Deinem Dachboden befinden, dass Du Dich selbst nicht mehr sicher in ihm bewegen kannst. Genau so läuft es auch mit unserer Psyche und unseren Gefühlen ab. Wenn wir unsere Gefühle einfach nur verdrängen, stauen sich diese einfach nur an. Gefühle wollen aber gesehen und wahrgenommen werden.

Eine weitere Form, in der der Abwehrmechanismus zum Ausdruck kommt, ist die **Reaktionsbildung**. Hierbei werden Gefühle und Motive durch entgegengesetzte Motive und Gefühle ersetzt. Wenn Liebe zu gefährlich für das Ich erscheint, wird es einfach durch Hass ersetzt. Andersherum funktioniert der Prozess selbstverständlich mindestens genauso gut.

Auch wenn dies keine bewusste Form der Unterdrückung ist, hat sie doch fast den gleichen Effekt. Für einen kurzen Moment wird sich Dein Ich und Deine Psyche gut fühlen, aber langfristig werden beide darunter leiden.

In den meisten Fällen erfolgt an dieser Stelle ein unbewusster und somit auch unbemerkter Übergang auf eine ältere Entwicklungsstufe des Ichs. Fresslust oder auch trotziges Verhalten sind dabei besonders häufig wieder zu finden. Problematische Angelegenheiten werden mit regressivem Verhaltensweisen genauso stark mit anderen Mechanismen abgewehrt. Auch der Rückzug von Personen, die mit einem selbst und dem eigenen Glaubenssystem im Widerstand stehen, ist kein seltener Prozess. An dieser Stelle sieht das Ich die kontroversen Meinungen auch als eine Art Bedrohung, und stellt lieber auf Rückzug, anstatt sich auf eine Konversation einzulassen.

Wenn ein innerer Konflikt nicht abgewehrt wird, kommt es in den meisten Fällen zu einer Verleugnung der Realität. Anstatt Gefühle, die einem unangenehm erscheinen zu verdrängen, leugnet man einfach einen existierenden Zustand in der Realität. Da dieser Prozess unbewusst abläuft, sind sich auch nur die wenigsten Menschen darüber bewusst. Die Bedeutung einer bestimmten Situation wird beispielsweise nicht wahrgenommen, obwohl sie tatsächlich vorhanden ist und in Wirklichkeit Bestand hat. Wenn zum Beispiel Verdrängungen in der eigenen Realität bemerkt werden, so werden sie auf emotionaler und rationaler Ebene dennoch nicht anerkannt, um sich selbst nicht verwundbar zu machen.

Dieser Prozess spiegelt sich vor allem in sozialen Situationen wieder, wenn wir in Konflikt mit einer anderen Person stehen. Hierbei muss uns eine andere Person gar nicht angreifen oder mit Beleidigungen um sich schmeißen. Es reicht in den allermeisten Fällen aus, dass das eigene Ich die Situation als Bedrohung wahrnimmt. In diesem Fall wird die Situation bzw. der bestehende Konflikt gar nicht erst wahrgenommen, sondern stattdessen als nicht vorhanden betitelt. Das hat zur Folge, dass man Konflikte in sozialen Situationen nicht mehr löst, sondern ihnen einfach aus dem Weg geht.

Dieser Prozess ähnelt sehr stark einer anderen Form eines Abwehrmechanismus, und zwar der **Vermeidung**. Hierbei geht es darum, dass Triebregungen umgangen werden. So beschreibt es zumindest die Psychoanalyse. Wenn eine bestimmte Aussage oder ein bestimmter Zustand für unser Ich als eine zu gefährliche Bedrohung erscheint, wird die Realität einfach verschoben. Die Verschiebung beschreibt also einen Zustand, in dem Gedanken, Gefühle und Impulse von einer Person auf eine andere verschoben werden. So bleibt tatsächlich der eigentlich gemeinte Mensch unberührt.

Gerade im Alltag ist dieser Prozess besonders häufig zu beobachten. Wenn uns beispielsweise die Aussage über eine bestimmte Person nicht gefällt, dann schreitet unser Ich ein. Dieses überträgt dann die unangenehme Aussage einfach auf eine Person, die für uns emotional kaum relevant ist. Gerade im Sport und in der Politik kann man diese Art der Verschiebung besonders häufig sehen. Wenn wir beispielsweise in einer Partei sind und eine Gegenpartei eine unangenehme Aussage über einen beliebten Politiker aus unseren Reihen trifft, dann neigen wir dazu, diese Aussage einfach auf einen anderen Politiker zu verschieben. Wir müssen dann nicht selbst Verantwortung für diese Situation übernehmen, sondern können sie auf mentaler Ebene auf eine andere Person übertragen. So dauert es auch nicht lange, bis man einfach nur aneinander vorbei redet.

Man findet diese Art der Vermeidung jedoch nicht nur beim Sport und in der Politik besonders häufig und intensiv. Auch in unserem alltäglichen Geschehen kann dieser Abwehrmechanismus sehr häufig beobachtet werden. Wenn beispielsweise eine Person eine unangenehme Aussage über eine andere Person trifft, mit der wir wiederum gut befreundet sind, dann verschieben wir diese Aussage einfach auf eine andere Person. Wenn es sich das Ich so einfach wie möglich machen möchte, dann verneint es einfach eine bestimmte Situation. Auch wenn es nicht der Realität entspricht, kann das Ich somit ganz einfach dem Gefühl des Schmerzes entkommen und die Gefahr, die es wahrnimmt, so schnell wie möglich eliminieren. Sätze wie zum Beispiel: "Ich fühle überhaupt nichts für x", sind besonders häufig in solchen Situationen wiederzufinden.

Auch wenn wir uns gegenüber anderen Personen nicht öffnen wollen, neigen wir doch dazu, bestimmte Gefühlszustände, die real sind, einfach zu verneinen.

Langfristig betrachtet ist auch hier wieder eine unbewusste und ungesunde Verdrängung die Folge.

Einer der bekanntesten Abwehrmechanismen ist die **Projektion**. Vielleicht hast Du auch schon mal etwas von diesem Begriff gehört, da er heutzutage ebenfalls stark von der Psychologie im alltäglichen Geschehen geprägt wird. Doch um was handelt es sich eigentlich, wenn von Projektion die Rede ist?

Bei einer Projektion geht es darum, dass unangenehme Verhaltensweisen und auch Gedankengänge auf das Gegenüber übertragen werden, wie man es zum Beispiel von einem Spiegelbild kennt. Auch dieser Prozess ist in den meisten Fällen unbewusst und wird deswegen von den meisten Menschen kaum wahrgenommen. Weil man sich selbst nicht mit den unangenehmen Gefühlen und Gedanken auseinandersetzen will, die einen beschäftigen, überträgt man sie einfach auf sein Gegenüber.

Dieser Prozess findet vor allem dann statt, wenn uns eine andere Person von außen mit diesen Gefühlen und Gedanken konfrontieren möchte. Das bedeutet nicht, dass diese Person beleidigend wird. Unser Ich empfindet diese rationale Art der Konfrontation von einer außenstehenden Person jedoch direkt als Bedrohung und will diese natürlich so schnell wie möglich ausschalten. Der beste und schnellste Weg für unser Ich ist es dann, diese Aussagen einfach auf unser Gegenüber zu übertragen, auch wenn sie in Wirklichkeit tatsächlich auf uns selbst zutreffen. So kommt es nicht selten vor, dass ein normales Gespräch sehr schnell in einem Streit ausarten kann, der gar nicht entstanden wäre, wenn das Ich an dieser Stelle nicht die Oberhand gewonnen hätte. Das ist die Art und Weise, wie unser Ich bestimmte Situationen, Gefühle und auch Gedanken verdrängt, jedoch findet das nicht immer auf emotionaler Ebene statt.

Ein sehr bekannter Abwehrmechanismus ist beispielsweise das **Rationalisieren**. Wir können Probleme auch ganz einfach dadurch verdrängen, dass wir sie rationalisieren. So werden zum Beispiel rational-logische Handlungsmotive vorgeschoben, um eine bestimmte Handlung oder auch Gefühle zu umgehen, die für einen selbst als unangenehm erscheinen.

Du hast das vielleicht auch schon einmal erlebt. Du wolltest eigentlich gerade ins Fitnessstudio gehen, hast aber dann von einem Moment auf den anderen unzählige rationale Gründe gefunden, warum Du den geplanten Sport lieber von heute auf morgen verlegen solltest. So kann es also passieren, dass es niemals zu dem Tag kommen wird, Du stattdessen einfach immer rationale Gründe vorschiebst.

Es sind jedoch nicht nur physische Ereignisse, die wir auf rationaler Ebene gerne verdrängen. Auch Gefühle und Gedanken, die von unserem Ich als gefährlich eingestuft werden, können mit rationalen "Argumenten" umgangen werden. Hierbei handelt es sich einfach nur um Ausreden, um uns selbst Situationen und Gefühlen, die für uns unangenehm sind, nicht auszusetzen.

Wenn das für das Ich nicht ausreichend ist, kommt ziemlich schnell die **Sublimierung oder Sublimation** ins Spiel. Hierbei werden Triebwünsche durch gesellschaftlich höher bewertete Ersatzhandlungen ausgewechselt. Dies kann sich zum Beispiel in exzessivem Sport oder in zu viel Arbeit äußern, die am Ende schließlich zum Burnout führen kann. Auch dies ist eine Art der Verdrängung, die auf kurze Zeit sogar funktionieren kann. Auf langfristige Sicht kann sie jedoch sowohl physisch, als auch psychisch sehr bedrohlich sein. Aggressive Triebe werden zum Beispiel oftmals durch Sport sublimiert.

Es gibt aber auch Sublimationstechniken, die auf kurze Zeit und in gesunden Maßen sogar gesund sind. Langfristig betrachtet ist es jedoch immer wichtig, sich zuerst mit dem eigentlichen Problem auseinanderzusetzen. Seine Triebe und Wünsche einfach mit anderen Beschäftigungen zu unterdrücken, hat sie schließlich noch nicht aus der Welt geschafft. Das wusste auch schon Freud und hat diesen Ansatz daher immer wieder in seinen Therapien angewendet.

Nicht immer äußern sich Abwehrmechanismus in solch einem tiefen und intensiven Spektrum. Da es so viele Arten von ihnen gibt, ist es auch nicht verwunderlich, dass manche Mechanismen unbewusst ablaufen, so dass man sie kurzfristig gar nicht wahrnehmen kann, wie es zum Beispiel bei der **Entwertung und Idealisierung** der Fall ist. Hierbei werden Objekte auf unbewusster Ebene komplett abgewertet oder stark überbewertet. Auch in diesem Fall liegt der Grund darin, sich in einer unangenehmen Realität wiederzufinden, die unser Ich nicht sehen möchte. Wenn zum Beispiel eine

Person eine negative Aussage über ein Objekt trifft, welches für uns persönlich besonders wichtig ist, idealisieren wir das betreffende Objekt in diesen Momenten nur noch mehr. Auch diese Prozesse werden komplett unbewusst gesteuert und umso wichtiger ist es, dass man sich selbst darüber bewusst wird, so dass man rechtzeitig etwas dagegen unternehmen kann.

Sollte das nicht helfen, springt unser Ich dazu über, die Objekte einfach zu neutralisieren, obwohl sie für uns selbst alles andere als neutral erscheinen. Auch wenn wir innerlich wissen, dass das nicht der Fall ist, und dass diese Gefühle und Gedanken für uns eine Bedeutung haben, versuchen wir sie trotzdem zu verdrängen und sie für unseren Verstand zu neutralisieren. Wenn uns dann eine Person von außen fragt, wie wir die Situation momentan empfinden, kommen Sätze wie zum Beispiel: "Ach, das ist gar nicht so schlimm", obwohl wir es innerlich komplett anders empfinden. Das Ziel dieses Prozesses ist die Vermeidung der Intensivierung des interpersonellen Feldes. Gerade wenn unser Ich eine Situation als besonders bedrohlich einstuft, läuft dieser Prozess in den meisten Fällen so schnell und unbewusst ab, dass wir es in den allermeisten Fällen gar nicht erst wahrnehmen. Gefühle und Gedanken werden gar nicht mehr gesehen und erkannt, wie es normalerweise der Fall wäre, sondern werden als unwichtig eingestuft, auch wenn das nicht der Realität entspricht.

Wenn diese Mechanismen über Jahre einfach weitergetragen werden, ohne hinterfragt zu werden, können daraus sehr schnell Probleme entstehen, die wir in den meisten Fällen gar nicht wahrnehmen. Genau das ist auch das gefährliche an der ganzen Sache. Du musst Deine eigenen Mechanismen erstmal richtig verstehen, um sie im Nachhinein auch praktisch in die Tat umsetzen zu können. Nur wenn wir eine Sache richtig verstehen, können wir sie im Nachhinein auch verändern. Das kann im ersten Moment ein bisschen Zeit und Energie in Anspruch nehmen, wird sich aber im Nachhinein auf jeden Fall lohnen.

In der Psychologie ist schon lange bekannt, dass die menschliche Psyche komplex ist. Genau deswegen kann man auch keine allgemeingültigen Aussagen treffen. Wir haben aber schon zu Beginn dieses Buches festgestellt, dass der Mensch nach bestimmten Mustern handelt, und dass es besonders wichtig ist, diese Muster auch rechtzeitig zu erkennen. Da diese Muster in den meisten Fällen unbewusste Gewohnheiten sind, nehmen wir sie auf alltäglicher Ebene auch nicht richtig war. Das bedeutet aber nicht, dass man nicht etwas daran verändern kann. Man muss nur wissen, worauf es ankommt und wird dann auch verstehen, dass man seine Gewohnheiten in den meisten Fällen einfach und effektiv umstrukturieren kann.

Doch warum fällt das den meisten Menschen so schwer und was genau kann man dagegen unternehmen? Aus der Verhaltenspsychologie und dem NLP (Neurolinguistischen Programmieren) ist schon lange bekannt, dass unsere Gewohnheiten, die wir tagtäglich an den Tag legen, meistens auf **Glaubenssätze** zurückzuführen sind, die in der Vergangenheit entstanden sind. Da diese Glaubenssätze nicht so einfach zu verstehen sind, ist es wichtig solche Situationen immer in einem ganzen Bild zu betrachten. Einen bestimmten Glaubenssatz sollte man niemals alleinstehend betrachten. Dies führt in den allermeisten Situationen zu Missinterpretationen, die nicht dazu beitragen eine geeignete Lösung zu finden. Ein Glaubenssatz existiert für gewöhnlich auch nicht allein. Es ist in den meisten Fällen ein **Glaubenssystem** vorhanden, welches einen selbst auf tagtäglicher Ebene beeinflusst und auch einnimmt. Umso wichtiger ist es, an dieser Stelle anzusetzen, um am

Ende auch das tatsächliche Problem dieser Situation zu lösen.

Doch was genau bedeutet das auf tagtäglicher Ebene, und was kann man selbst als Einzelperson dafür tun, um seine Abwehrmechanismen besser zu verstehen und auch nach Belieben zu verändern? Der erste und wichtigste Schritt ist es, seine Mechanismen zunächst bewusst wahrzunehmen.

Gerade im alltäglichen Geschehen können wir ein solches Geschehen sehr gut und einfach erkennen und wahrnehmen. Wichtig ist nur, dass wir uns diese Dinge auch auf bewusster Ebene immer wieder sichtbar machen. Hierfür ist es besonders hilfreich und praktisch ein Tagebuch zu führen. Psychologen und Verhaltensforscher haben nämlich herausgefunden, dass wir am Tag ca. 60.000 Gedanken haben. Das ist ziemlich viel und hierbei nicht einmal das Schlimmste. Das Erschreckende an der ganzen Sache ist, dass nur ca. 3% dieser 60.000 Gedanken positiv sind. Den Rest kann man sprichwörtlich in den Müll schmeißen. Bei so einer großen Anzahl von Gedanken, kann man selbstverständlich schnell den Überblick darüber verlieren, welche Gedanken für einen selbst überhaupt relevant sind.

Das bedeutet aber nicht, dass man nichts dagegen unternehmen kann. Wenn man sich seine Gedanken und seine Gefühle immer wieder ins Bewusstsein ruft, dann kann man sie auch im Nachhinein noch verändern, wenn das notwendig sein sollte. Die meisten Menschen wissen jedoch nicht, wo sie an dieser Stelle anfangen sollen. Wie schon am Anfang erwähnt, ist ein Tagebuch das beste Tool, wenn man sich über seine eigene Gefühls- und Gedankenwelt einen Überblick verschaffen möchte. Wichtig hierbei ist jedoch, dass man dieses Tagebuch auch auf täglicher Basis führt. Nur so wird man weiterkommen und schlussendlich seine Ziele verwirklichen. Versuche Dein eigener Beobachter im Alltag zu werden und Du wirst sehr schnell bemerken, dass sich vieles in Deinem Leben zum Positiven verändern wird.

Darüber hinaus solltest Du nicht von Anfang an allzu hohe Erwartungen haben. Es ist wichtig sich Ziele zu setzen, wenn man etwas verändern möchte, aber noch wichtiger ist es, sich realistische Ziele zu setzen. In der Psychologie ist nämlich **Selbstwirksamkeit** eine Grundvoraussetzung, um erfolgreich Veränderung hervorzurufen und auch um Verhaltensmuster zu verändern. Das ist es nämlich, was schlussendlich darüber entscheiden wird, ob man negative Verhaltensmuster auch tatsächlich ablegen kann oder nicht. Falls Du dich fragst, wie das Ganze in der Praxis aussehen wird, brauchst Du Dir keine Sorgen zu machen. Auf dieses Thema werden wir im Folgenden nun genauer eingehen.

Wie funktioniert die menschliche Psyche? Eine Zeitreise in die Steinzeit!

Die meisten Menschen sind sich über ihr eigenes Verhalten gar nicht bewusst. Sie wissen nicht, warum sie handeln wie sie handeln, und was sie dagegen tun können. Vielleicht hast Du auch schon mal den folgenden Satz gehört: "Die meisten Menschen werden gelebt, anstatt selbst zu leben". An diesem Satz ist viel mehr dran, als die allermeisten Menschen denken. Viele Leute leben Tag ein, Tag aus, und sind sich gar nicht darüber bewusst, was sie auf tagtäglicher Ebene tun. Umso wichtiger ist es, dass wir uns zunächst der Dinge bewusst werden. Wenn Du Dich schon seit längerer Zeit mit der menschlichen Psyche beschäftigst, dann hast Du bestimmt auch schon mitbekommen, dass diese viel komplexer ist, als man zunächst vielleicht annimmt.

Deswegen kann man bei einer Person auch keine verallgemeinernden Aussagen treffen. Es gibt dennoch Muster, die wir uns in diesem Kapitel genauer anschauen wollen, weil sie eine große Rolle spielen. Gerade Stresssituationen haben ihren Ursprung meistens viel weiter in der Vergangenheit. **Angst und Stress** gelten in der Psychologie schon lange als zwei der größten Motivatoren überhaupt. Früher haben wir unsere Angst gebraucht, um zu überleben. Wenn wir zum Beispiel von unserer Horde ausgeschlossen wurden, konnte das für uns in den allermeisten Fällen den Tod bedeuten. Das ist auch der Grund, warum wir heutzutage immer noch besonders schnell in Stresssituationen verfallen. Die allermeisten Menschen sind sich gar nicht bewusst darüber und wissen auch nicht, was sie dagegen tun können. Der erste und wichtigste Schritt ist jedoch, sich zunächst einmal über diese psychologischen Mechanismen bewusst zu werden, und auch zu erkennen, wo die Ursachen für diese Verhaltensmuster liegen.

Nur so kann man schlussendlich auch etwas an diesen Mustern verändern. Es sind aber nicht nur eingepflanzte Verhaltensweisen aus der Steinzeit, die unser alltägliches Verhalten und somit auch unsere Mechanismen beeinflussen. Unsere Gedanken haben ebenfalls die Macht einen starken Einfluss auszuüben. Dabei wissen die allermeisten Menschen gar nicht, welchen Einfluss unsere Gedanken auf unser alltägliches Verhalten haben.

Ein Glaubenssatz ist ganz objektiv betrachtet erst einmal nichts anderes als eine Überzeugung. Dabei bleibt es in den meisten Fällen jedoch nicht. Unser Verstand ist darauf konditioniert, für unsere Glaubenssätze ständig Beweise zu suchen. Das tun wir die ganze Zeit in Form von unserem Verhalten im Alltag. Wir denken, fühlen und verhalten uns auf eine bestimmte Art und Weise, um in unserem Weltbild bestätigt zu werden. Nur so können wir unsere Glaubenssätze auf tagtäglicher Ebene auch aufrechterhalten.

Wichtig ist an dieser Stelle zu wissen, dass ein Glaubenssatz niemals allein dasteht. Hinter einem Glaubenssatz steckt ein ganzes System, welches man sich genauer anschauen sollte, um Glaubenssätze besser verstehen zu können, und auch um zu verstehen, warum sie funktionieren, wie sie funktionieren. Wenn Du das machst, wirst Du auch feststellen, dass Du Deine psychologischen Mechanismen viel besser verstehen und verändern kannst. Hinter einem gesamten Glaubenssystem stehen in der Regel viele Jahre Arbeit, die man sich selbstverständlich ebenfalls genauer anschauen sollte und auch verstehen sollte.

Dieser Prozess wird in den Sozialwissenschaften auch als "Soziale Programmierung" beschrieben. Ob man es wahr haben möchte oder nicht, unser Umfeld beeinflusst uns durchgehend. Hast Du den folgenden Satz auch schon einmal gehört: "Du bist der Durchschnitt von den 5 Menschen, mit denen Du Dich am meisten umgibst"? Diese Aussage gilt nicht nur für unser soziales Umfeld, sondern unser Umfeld im Allgemeinen.

Wir leben in einer Zeit, in der wir durchgehend von neuen Reizen umgeben sind. Wir müssen nur in die Innenstadt fahren, um die ganzen Werbeplakate zu sehen, welche ständig versuchen unsere Aufmerksamkeit zu wecken. Wenn wir uns dieser Umstände bewusst sind, werden wir auch einen großen Schritt weiterkommen und schlussendlich auch viel mehr erreichen, wenn wir wissen worauf es ankommt. Auch unsere eigenen Mechanismen, die uns tagtäglich beeinflussen, werden in Wahrheit von anderen äußeren Einflüssen gelenkt. Umso wichtiger ist es, an dieser Stelle besonders aufmerksam zu sein, um schlussendlich auch herauszufinden, wo die wahren Ursachen für unsere psychologischen Mechanismen liegen.

Wie Du psychologische Mechanismen erkennst und veränderst: Psychologie im Alltag

Worauf es schlussendlich ankommt ist, dass man die eben gelernten Mechanismen auch im Alltag erkennen und für sich nutzen kann. Nur so ist die Psychologie auch wirklich für einen selbst brauchbar. Doch was bedeutet es eigentlich, Psychologie im Alltag einzusetzen, was genau kann man sich darunter vorstellen? Die Psychologie ist auf den ersten Blick ein sehr weitläufiger Begriff, den man nicht verallgemeinern kann. Ziel der Psychologie ist es, wie schon am Anfang erwähnt, das menschliche Verhalten besser zu verstehen und auch seine Ursachen nachvollziehen zu können, um dieses im Nachhinein auch verändern zu können. Das ist es nämlich, worauf es letztendlich ankommt, und worauf man auch seinen Fokus legen sollte.

Um gewisse Mechanismen bei sich selbst zu verändern, muss man im ersten Schritt nach den individuellen Ursachen dafür suchen. Da jeder von uns eine andere Vergangenheit hat und somit auch tagtäglich von anderen Einflüssen gelenkt wird, ist es wichtig, die eigenen Mechanismen schon im ersten Schritt individuell unter die Lupe zu nehmen. Die meisten Menschen fragen sich jedoch, wo sie anfangen sollen und was genau sie hierbei zu beachten haben. Damit Du es so einfach wie möglich hast, möchte ich Dich in diesem Kapitel mit an die Hand nehmen, und Dir Schritt für Schritt zeigen, wie Du Deine psychologischen Mechanismen besser aufspüren und auch schlussendlich verändern kannst.

Bewusstwerden

Schon in der alten griechischen Philosophie war bekannt, dass das Bewusstwerden der erste Schritt zur Veränderung ist. Sokrates beispielsweise prägte das den Leuten im alten Griechenland auf den Märkten ein. Auch heutzutage noch hat diese alte Weisheit Bestand. Erst wenn wir uns über eine bestimmte Sache bewusst werden, können wir auch tatsächlich etwas verändern. Ansonsten wird es uns wirklich schwer fallen, durchzuhalten oder nach einer geeigneten Lösung zu suchen.

Wir haben schon am Anfang des Buches besprochen, dass die meisten psychologischen Mechanismen unbewusst ablaufen. Das ist auch der Grund, warum wir sie in den meisten Fällen nicht im Alltag wahrnehmen. Sie haben die Kontrolle über unsere Gefühle und somit auch unser Verhalten, anstatt andersherum. In diesem Kapitel wollen wir genau das verändern. Du sollst wieder Kontrolle über Deine Gefühle und Gedanken bekommen, damit Du sie schlussendlich auch nach Belieben verändern kannst. Dafür musst Du Dir im ersten Schritt jedoch erst einmal darüber bewusst werden, welche psychologischen Mechanismen Dich im Alltag im Griff haben. Unser Alltag ist der beste Zeitpunkt, wo wir unsere Mechanismen unter die Lupe nehmen können. Für diesen Prozess solltest Du Dir auch ein kleines Heft und einen Stift zulegen, damit Du im Nachhinein alles dokumentieren kannst.

Wie wir schon am Anfang bemerkt haben, ist unser Verstand darauf trainiert, schnell alles auszublenden und zu vergessen, was für uns auf den ersten Blick unangenehm erscheint. Das sind jedoch genau die Punkte, bei denen wir ansetzen sollten, denn genau diese werden uns im Nachhinein auch weiterbringen. Wenn uns im ersten Moment etwas unangenehm erscheint und wir es am liebsten vergessen wollen, steckt in den meisten Fällen auch eine Art Wahrheit dahinter, die wir ebenfalls nicht einsehen wollen. In der Psychologie und Verhaltensforschung ist jedoch schon lange bekannt, dass genau dies die Punkte sind, an denen wir als

Person am meisten wachsen und uns somit auch entwickeln können. Deswegen solltest Du auf diese Punkte besonders achten und ihnen besonders viel Aufmerksamkeit schenken. Wenn Du das machst, wirst Du bemerken, dass Du einen großen Schritt weiterkommst und Deine eigenen Mechanismen auch viel effektiver verändern kannst.

Du fragst Dich nun bestimmt, wie das ganze Bewusstwerden in der Praxis aussehen soll. Genau deswegen wollen wir auf dieses Thema nun ein bisschen genauer eingehen. Wie schon zu Beginn erwähnt, ist es wichtig sich mindestens eine Woche Zeit zu lassen. In dieser Woche solltest Du Dein eigenes **Verhalten**, Deine **Gefühle** und auch **Gedanken** beobachten. All diese drei Faktoren beeinflussen sich nämlich in den meisten Fällen untereinander. Unsere Gefühle haben einen direkten Einfluss auf unsere Gedanken, die im Nachhinein wieder unser alltägliches Verhalten beeinflussen. Das ist es nämlich, worauf es letztendlich ankommt und was wir auch verändern wollen. Umso wichtiger ist es, dass wir bei diesen Ursachen ansetzen und diese genauer untersuchen.

Wenn Du Dir über Dein eigenes Verhalten Notizen machen willst, ist es besonders wichtig auf **Muster** zu achten. Muster beeinflussen nämlich direkt unser alltägliches Verhalten und zeigen uns selbst auch auf, welche psychologischen Mechanismen bei uns im Vordergrund stehen. Hierbei solltest Du Dich auch nicht vor unangenehmen Wahrheiten scheuen. Mache Dir selbst immer bewusst, dass Du Dich in diesem Prozess vor keiner anderen Person rechtfertigen musst. Alles was Du beachten solltest ist es, ehrlich und aufrichtig zu Dir selbst zu sein. Wenn Du Dir selbst eine Wahrheit vorspielst, die nicht der Realität entspricht, kann das für einen kurzen Moment gut gehen, aber wird letztendlich ebenfalls schief gehen. Umso wichtiger ist es, an dieser Stelle anzusetzen und für sich selbst herauszufinden, was am besten funktioniert und was nicht. Nach mindestens einer Woche ist es dann endlich Zeit ein Fazit zu ziehen. Das kann etwas Zeit in Anspruch nehmen, aber wird Dir im Prozess der Veränderung besonders hilfreich sein.

Hier sind ein paar Fragen, die Dir bezüglich Deiner Reflexion weiterhelfen können:

- Welche Mechanismen sind im Alltag besonders häufig aufgetreten?
- Inwiefern haben Dich diese Mechanismen beeinflusst?
- In welchen Situationen sind diese Mechanismen besonders deutlich zur Geltung gekommen?
- Wie hast Du Dich in diesen Situationen gefühlt? Welche Gedanken waren hauptsächlich präsent?
- Haben sich bestimmte Mechanismen in gewissen Situationen verändert? Falls ja: Welche Mechanismen waren das?
- Gab es bestimmte Mechanismen, die Du in sozialen Situationen an den Tag gelegt hast, die Dir auf den ersten Blick unangenehm erschienen? Falls ja: Welche Mechanismen waren das? (Am besten so genau wie möglich beschreiben)

- Hattest Du bestimmte Gedankengänge, wie zum Beispiel Selbstzweifel oder andere negative Gedanken, die Dir während dieser Mechanismen in den Kopf gekommen sind?

Diese Fragen können Dir auf den ersten Blick unbrauchbar erscheinen. Sind sie aber in den meisten Fällen nicht. Sie spiegeln unsere Psyche wieder, und umso wichtiger ist es herauszufinden, wie unsere Psyche funktioniert. Nur so können wir nämlich schlussendlich etwas verändern. Lasse Dir für diese Fragen ruhig ausreichend Zeit.

Die Veränderung planen

Vielleicht hast Du auch schon mal etwas von dem Satz "Wer kein Ziel hat, kann auch keines erreichen", gehört. An dieser Aussage ist viel mehr dran, als sich die allermeisten Menschen bewusst sind. Das bedeutet nicht, dass man jede Sekunde in seinem Leben vorausplanen muss. Wenn man sich jedoch konkrete Ziele setzt, ist es viel wahrscheinlicher, dass man sie im Nachhinein auch erreichen kann. Das gilt selbstverständlich auch für unsere psychologischen Mechanismen. Auch an dieser Stelle kannst Du Dir ein Blatt und einen Stift hervorholen und anfangen mitzuschreiben.

Fragen zur Veränderung:

- Wie sehr beeinflussen mich meine momentanen Mechanismen, die ich im Alltag mit mir herumtrage?
- Wie ist mein Gemütszustand über den Tag verteilt? Fühle ich mich durch mein alltägliches Handeln energetisch oder eher heruntergezogen?

- Welche Mechanismen in welchen Situationen würde ich am liebsten gegen andere Mechanismen oder Gewohnheiten austauschen?
- Was genau möchte ich in meinem alltäglichen Denken und Handeln verändern? Was genau stört mich?
- Wie genau soll diese Veränderung aussehen?
- Welche Vorteile habe ich, wenn ich bestimmte psychologische Mechanismen in meinem Alltag verändere?
- Inwiefern verändert sich dadurch meine Gefühlslage?

Du fragst Dich vielleicht noch, warum gerade diese Fragen so eine besonders große Rolle spielen. Im Grunde ist es ziemlich einfach: Nur wenn Du ein Ziel hast, kannst Du auch eins erreichen. Genau deswegen wollen wir uns dieses Ziel genauer anschauen und auch herausfinden, wie dieses Ziel bei uns aussehen soll. Nur wenn Du einen Kompass hast, der dich leitet, wirst Du auch irgendwo ankommen. Umso wichtiger ist es, diesen Kompass schon im Vorhinein auszurichten.

Die Veränderung

Aus der Psychologie und Verhaltensforschung ist mittlerweile bekannt, dass ein Mensch 30 bis 60 Tage braucht, bis eine neue Gewohnheit komplett installiert ist. Bei manchen kann es selbstverständlich ein bisschen weniger oder ein bisschen mehr sein. Dies ist nur ein Richtwert, an den man sich halten, aber nicht festklammern sollte.

Eine Grundvoraussetzung für eine erfolgreiche Veränderung ist **Selbstwirksamkeit**. Selbstwirksamkeit ist ein Begriff, der gerade in der modernen Phase der Psychologie geprägt und weitergetragen wurde. Er beschreibt den Zustand, in dem man sich als Individuum befindet, wenn man mit dem Erfolg hat, was man sich vorgenommen hat. Also seine eigenen Ziele. Hierbei geht es nicht darum, jemand anderem etwas zu beweisen. Das sollte man trennen, damit es nicht zu Missverständnissen kommen. Es geht primär darum, dass man sich selbst beweisen kann, dass man in der Lage ist, ein bestimmtes Ziel zu erreichen. Wenn Du die Umsetzung Deiner Ziele nach diesem Prinzip ausrichtest, wirst Du auch feststellen, dass Du Deine eigenen Ziele viel einfacher verwirklichen kannst. Gerade am Anfang macht es Sinn die Messlatte eher niedriger, als zu hoch anzusetzen. Setze Dir kleine, aber dafür realistische Ziele. Es kommt zu Beginn nämlich nicht darauf an, dass Du Dir riesengroße Ziele setzt, sondern realistische Ziele, die Dich auch weiterbringen.

Doch wie geht es dann genau weiter? Wie kann man in seinem Alltag psychologische Mechanismen verändern, und was genau hat man dabei zu beachten? Der erste und wichtigste Schritt im Prozess der Veränderung ist, dass Du Dich mit diesen Situationen konfrontierst. Wenn Du Dir die ganze Zeit nur einredest, dass alles in Ordnung ist, obwohl das nicht der Fall ist, wirst Du schnell bemerken, dass Du Dich nur selbst belügst, aber dabei keinen einzigen Schritt weiterkommst. Umso wichtiger ist es an dieser Stelle anzusetzen und herauszufinden, was für einen selbst am besten funktioniert und was nicht. Während dieser Zeit ist es auch immer wieder hilfreich, sich Zeit zu nehmen und selbst zu reflektieren, was gut funktioniert hat und was nicht. Wenn Du das machst, wirst Du bemerken, dass Du einen großen Schritt weiterkommst und schlussendlich auch viel besser das erreichen kannst, was Du Dir vorgenommen hast.

Positive Mechanismen gegen negative Mechanismen austauschen

Psychologische Mechanismen müssen nicht auf Anhieb schlecht sein. Wenn Du am Anfang dieses Buches genau zugehört hast, weißt Du ganz genau, dass der ursprüngliche Grund für unser Verhalten und vor allem unsere Mechanismen positiv war. Unser Ich wollte uns vor Gefahren beschützen und tut es auch heute noch. Unsere biochemische Prozesse haben wir jedoch immer noch zum größten Teil aus der Steinzeit übernommen, was dazu führt, dass unser Verstand auch im 21. Jahrhundert nicht gelernt hat, zwischen wahren und unwahren Gefahren zu unterscheiden. Die Wahrheit ist, dass wir in der westlichen Welt keinen lebensbedrohlichen Gefahren ausgesetzt sind, wie das zur Steinzeit mit den Mammuts der Fall war. Da sich unsere Mechanismen jedoch so gut wie gar nicht verändert haben, ist es besonders wichtig an dieser Stelle anzusetzen und herauszufinden, was man dagegen tun kann.

Der beste Weg, um negative Mechanismen endlich loszuwerden besteht darin, sie gegen positive Mechanismen auszutauschen. Wenn Du das machst, wirst Du bemerken, dass Du einen großen Schritt weiterkommst und auch Dein ganzes Leben zum Positiven verändern kannst.

25 psychologische Effekte leicht erklärt

Psychologische Effekte sind interessante Phänomene, die Dir tagtäglich begegnen, die Dein Denken maßgeblich beeinflussen und die Dich unbewusst zu bestimmten Handlungen und Verhaltensweisen treiben.

Dieser Ratgeber stellt Dir 25 dieser psychologischen Effekte vor. Der Text richtet sich vor allem an Psychologieanfänger und an Menschen, die im Allgemeinen an Psychologie interessiert sind. Das Ziel ist, Dich ein kleines bisschen in die Welt der psychologischen Effekte einzuführen. Dazu wird jeder der 25 Effekte erklärt. Du wirst sicherlich schon von einigen dieser Effekte gehört oder gelesen haben, einige andere wiederum werden Dir gänzlich neu erscheinen.

Der thematische Schwerpunkt liegt auf Fehlern und Irrtümern, die Du im Alltag beim logischen Denken begehst. Die Erklärungen der einzelnen Effekte erfolgen nach dem Motto: „So kurz wir möglich, aber so genau wie nötig." Im Anschluss an die Erklärungen findest Du ein paar wenige Beispiele und kleine Gedankenexperimente, die Dir beim Verständnis des jeweiligen psychologischen Effekts helfen sollen. Es wird Dir gezeigt, wie zum Beispiel die Werbung oder die Politik diese kleinen psychologischen Tricks und Kniffe benutzt, um Dich zu einem bestimmten Verhalten und Denken zu bringen. Abschließend werden Dir zu fast jedem Effekt kleine Tipps gegeben, wie Du den zahlreichen psychologischen Fallen des Alltags entkommen kannst.

1. Social Proof

Der Social Proof Effekt, oft auch als Herdentrieb bezeichnet, besagt: Du verhältst Dich absolut richtig, wenn Du Dich so wie die Anderen verhältst. Je mehr Leute eine Idee also gut finden, desto richtiger wird diese Idee. Man braucht nicht lange darüber nachzudenken, um zu merken, dass das eine sehr naive Haltung ist. Der Herdentrieb ist dennoch fest im menschlichen Verhalten verankert, weil er sich in der evolutionären Vergangenheit als gute Überlebensstrategie erwiesen hat.

Mit dem berühmten Solomon-Asch-Experiment wurde der Social Proof Effekt bereits 1950 eindrucksvoll nachgewiesen. In diesem Experiment wurden den Versuchspersonen Linien verschiedener Länge vorgelegt, die sie vergleichen sollten. Wurden sie alleine befragt, konnten sie problemlos bestimmen, welche Linien länger oder kürzer als die anderen waren. Zum Nachweis des Social Proof Effekts wurden dann Komplizen (Schauspieler) des Versuchsleiters in den Raum gebeten, die absichtlich übereinstimmend falsche Antworten bezüglich der Länge der Linien gaben. Dieser Gruppendruck führte in 30 % der Fälle dazu, dass die Versuchspersonen ebenfalls die gleiche falsche Antwort gaben.

Der Social Proof Effekt findet heute fast systematisch in den unterschiedlichsten Bereichen und Branchen statt. Egal ob in der Modewelt, im Freizeitverhalten, in der Religion oder an der Börse - fast überall lässt sich dieser Herdentrieb erkennen. Selbstverständlich macht sich auch die Werbung diesen Effekt zu Nutze. Zahlreiche Firmen bewerben ihre Produkte mit Slogans wie „das meistgekaufte" oder das „meistverwendete" Produkt X. Obwohl dies im Grunde nichts über die Qualität des eigentlichen Produktes aussagt, muss es gut sein, weil es ja alle benutzen. So lautet zumindest die falsche Logik hinter diesen Werbeslogans.

Um sich nicht dem Social Proof Effekt zu beugen, hilft es Dir sich an einen Satz zu erinnern, den sicher jeder schon einmal von seinen Eltern gehört hat: „Wenn alle von der Brücke springen, springst Du dann auch?"

2. Die Kontrollillusion

Die Psychologie bezeichnet die Tendenz zu glauben, dass Du etwas kontrollieren kannst, worauf Du objektiv gesehen gar keinen Einfluss hast, als Kontrollillusion. Diese Tendenz geht auf den Wunsch des Menschen zurück, Kontrolle über sein Leben und seine Handlungen zu haben. Im Allgemeinen tut sich der Mensch sehr schwer damit, Ereignisse als puren Zufall zu akzeptieren.

Dazu ein paar Beispiele:
Beim Würfelspiel tendieren Spieler dazu stärker zu werfen, wenn sie eine hohe Zahl haben wollen, und sanfter, wenn sie sich eine niedrige Zahl wünschen. Beim Lottospielen gehen die meisten Spieler davon aus, dass sie größere Gewinnchancen haben, wenn sie persönlich ihren Lottoschein ausfüllen. Beide Annahmen sind selbstverständlich völliger Unfug.

In Manhatten gibt es an Fußgängerampeln Knöpfe, die keinerlei Funktion haben. Die Fußgänger sollen durch das Drücken des Knopfes aber im Glauben gelassen werden, dass sie einen Einfluss auf die Ampelsteuerung hätten. Nachweislich ertragen die Fußgänger so die Warterei wesentlich besser.

Als Tipp zur Vermeidung der Kontrollillusion kann man dem Menschen nur mit auf dem Weg geben, sich auf die Dinge zu konzentrieren, die er wirklich beeinflussen kann und zufällige Ereignisse auch als solche zu akzeptieren.

3. Der Besitztumseffekt

Der Besitztumseffekt, auch als Endowment-Effekt bekannt, bezeichnet in der Psychologie und auch der Ökonomie den Effekt, dass Du Dinge, die Du besitzt, als wertvoller empfindest, als Dinge, die Du nicht besitzt. Das heißt, wenn Du etwas verkaufst, verlangst Du mehr Geld, als Du selbst bereit wärst dafür zu zahlen.

Veranschaulicht hat diesen Effekt unter anderem der Psychologe Dan Ariely mit folgendem Experiment: Er verloste unter seinen Studenten Karten für ein wichtiges Basketballspiel. Nach der Verlosung bat er die Studenten, die kein Ticket gewonnen hatten, den Preis zu nennen, den sie für die Karte zahlen würden. Durchschnittlich waren die Studenten bereit etwa 170 Dollar für eine Karte zu zahlen. Anschließend fragte er die Studenten, die eine Karte bei der Verlosung gewonnen hatten, für wie viel Geld sie die Karte wieder verkaufen würden. Im Durchschnitt verlangten die Studenten 2400 Dollar für eine einzige Karte. Arielys Schlussfolgerung war, dass durch den Besitz der Karte, der Wert immens gestiegen war. Der Endowment-Effekt wurde offensichtlich.

Der Besitztumseffekt erklärt zum Teil auch die unglaubliche Sammelleidenschaft mancher Menschen. Egal ob Briefmarkensammler, Kunstsammler oder Paninibildchensammler - das Anhäufen von Sachen fällt dem Menschen wesentlich leichter als das wieder Loslassen. Das geht häufig gegen jede ökonomische Vernunft und jede Logik. Sachen gewinnen nicht an Wert, nur weil man sie selbst besitzt.

Um gegen den Endowment-Effekt anzukämpfen hilft es, wie so oft, bei der Bestimmung des Wertes von Dingen eine gewisse Nüchternheit und Distanziertheit zu wahren. Stecke nicht zu viele Emotionen in Deine Besitztümer und betrachte sie lediglich als vorübergehende Begleiter Deines Lebens.

4. Der Base-Rate Neglect

Von einem Base-Rate Neglect, in Deutschland manchmal auch als Prävalenzfehler oder Basisratenfehler bezeichnet, spricht die Psychologie dann, wenn Dich eine (zu) exakte Beschreibung dazu verführt, den nüchternen Blick von der statistischen Wahrheit abzuwenden. Der Base Rate Neglect gehört mit zu den häufigsten Denkfehlern. Der psychologische Effekt kann am besten mit einem Beispiel verdeutlicht werden.

Stell Dir einen dünnen Mann mit Brille vor, der gerne klassische Musik hört. Was hältst du für wahrscheinlicher? Erstens: Der Mann ist Lastwagenfahrer. Oder zweitens: Der Mann ist Psychologieprofessor in Berlin. Die meisten Menschen würden hier auf den Psychologieprofessor aus Berlin tippen. Das ist aber mit sehr hoher Wahrscheinlichkeit der falsche Tipp. Es gibt zehntausend Mal mehr Lastwagenfahrern als Psychologieprofessoren, so dass die Wahrscheinlichkeit um ein Vielfaches höher ist, dass es sich bei dem Mann, um einen Lastwagenfahrer handelt, der gerne klassische Musik hört. Der Fakt, dass der Mann gern klassische Musik hört, lenkte Dich vermutlich von der nüchternen statistischen Wahrheit ab.

Menschen aus praktisch allen Berufsgruppen fallen regelmäßig auf den Base-Rate Neglect rein mit Ausnahme einer Berufsgruppe: Die Mediziner. Mediziner werden nämlich speziell darauf trainiert dem Basisratenfehler zu vermeiden.

Auch hierzu ein Beispiel: Wenn jemand mit Kopfschmerzen in Deine Praxis kommt, ist es nicht sinnvoll einen tödlichen Hirntumor zu vermuten und den Patienten darauf zu untersuchen, sondern es ist besser den Patienten auf simple Spannungskopfschmerzen oder eine Virusinfektion zu untersuchen. Ein berühmter Satz, der Medizinstudenten in den USA zum Base Rate Neglect eingebläut wird, lautet: „Wenn Du in Wyoming Hufgetrampel hörst und denkst schwarze-weiße Streifen zu sehen, so ist es höchstwahrscheinlich ein Pferd" (und nicht ein Zebra).

5. Die Reziprozität

Reziprozität beschreibt in der Psychologie und der Soziologie die Gegenseitigkeit im sozialen Austausch. Die Reziprozität gründet sich auf dem Phänomen, dass der Mensch es in der Regel nur schwer ertragen kann, bei jemandem in der Schuld zu stehen.

Die Reziprozität machen sich häufig Spendensammler zu Nutze. So kann es sein, dass Du in der Fußgängerzone ein Armband geschenkt kriegst, (angeblich) geflochten von einem Kind in Afrika. An der nächsten Ecke wirst du dann gefragt, ob du nicht für Kinder in Afrika spenden willst. Die Spendenorganisation hofft darauf, dass Du Dich verpflichtet fühlst, etwas zurückzugeben und dem Spendenaufruf zu folgen.

Ein weiteres Beispiel für Reziprozität findet man im Supermarkt. Man kriegt ein Produkt nicht (nur) zum Probieren angeboten, um den Geschmack zu kosten, sondern um ein Schuldgefühl zu erzeugen, das Dich schließlich zum Kauf des Produkts verleiten soll.
Reziprozität kann auch eine sehr hässliche Seite haben. Sie ist nämlich auch die Grundlage von Rache und Vergeltung. Dir hat jemand etwas Böses angetan, also zahlst Du es ihm mindestens genauso schlimm zurück.

Fühle Dich nicht verpflichtet stets das Konto mit Jedermann ausgeglichen zu halten. Manchmal ergibt es einfach keinen Sinn.

6. Der Action Bias

Vom Action Bias, auf Deutsch etwa mit Überaktivität zu übersetzen, spricht man, wenn man aktiv wird, selbst wenn das gar nichts nützt. Dieses Verhalten ist evolutionär zu begründen, denn in der frühen Geschichte der Menschheit, zu Zeiten der Jäger und Sammler, hat es sich meist ausgezahlt schnell und reaktiv zu handeln, anstatt abzuwarten und erst gründlich nachzudenken. In der heutigen Zeit haben sich die Anforderungen aber so sehr geändert, dass sich gründliches Nachdenken vor dem Handeln durchaus lohnen kann. Dennoch neigt man im Zweifel lieber dazu zu handeln.

Hierzu zwei Beispiele:
Du kennst es sicherlich im Stau zu stehen und nur stockend voranzukommen. Auch wenn der Spurwechsel in dieser Situation absolut keine Zeitersparnis bringt, neigen einige Autofahrer dazu dauernd die Spur zu wechseln. Dadurch fühlen sie sich der Situation nicht so

stark ausgeliefert und denken es geht vielleicht schneller voran, auch wenn dies objektiv nicht zutrifft. Manch ein Autofahrer fährt sogar lieber einen Umweg, der eine größere Zeit in Anspruch nimmt, als im Stau zu stehen. Die Hauptsache ist, dass er das Heft des Handelns selbst aktiv in der Hand hat anstatt nur tatenlos dazusitzen.

Bar Eli, ein israelischer Forscher, untersuchte in einer Studie das Verhalten des Torwarts beim Elfmeter. Statistisch gesehen schießen die Elfmeterschützen etwa jeweils zu einem Drittel nach links, nach rechts oder in die Mitte. Der Torwart müsste in der Theorie also eigentlich auch zu einem Drittel in der Mitte des Tores stehen bleiben, tut dies aber nur in den ganz seltenen Fällen. Er entscheidet sich fast in 50 % der Fälle für links und in fast 50 % der Fälle für rechts. Der Torwart wird auch von der Überaktivität übermannt. Es sieht einfach besser aus und fühlt sich besser an, zu handeln als passiv in der Mitte des Tores stehen zu bleiben.

Als Tipp zur Vermeidung des Action Bias hilft es einfach manchmal einen Moment inne zu Halte und die Situation zu analysieren und gar nichts weiter zu tun, anstatt einfach dem Impuls zu folgen etwas tun zu müssen.

7. Die Swimmer's Body Illusion

Von der Swimmer's Body (Körper des Schwimmers) Illusion spricht man in der Psychologie immer, wenn Du das Selektionskriterium mit dem Ergebnis vertauschst. Was bedeutet das? Nimm einmal an, du bist mit Deiner Figur unzufrieden. Du siehst Dir die Sportler in den verschiedenen Disziplinen bei den Olympischen Spielen im Fernsehen an. Du bemerkst, dass besonders die Schwimmer einen tollen Körperbau haben, den Du auch gerne hättest. Du beschließt also von nun an regelmäßig schwimmen zu gehen, um an einen ähnlichen Körperbau zu kommen. Aber nach einer Weile wirst du feststellen, dass Dein Körper trotzdem nicht dem Körper eines Schwimmers ähnelt. Du bist auf die Schwimmer's Body Illusion reingefallen. Denn die Schwimmer im TV haben nicht einen so tollen Körper, weil sie schwimmen, sondern sie sind so hervorragende Schwimmer geworden, weil sie einen von Natur aus so idealen Körperbau zum Schwimmen haben. Der Körperbau ist das Selektionskriterium und nicht das Ergebnis.

Die Werbung arbeitet immer wieder mit diesem Trick, um ihre Produkte zu verkaufen. Als typisches Beispiel kann man die Kosmetikwerbung nehmen. Die Frauen in der Werbung sind nicht wunderschön, weil sie die Kosmetikprodukte benutzen, sondern sie machen Werbung für die Produkte, weil sie wunderschön sind.

Ein weiteres Beispiel aus dem Sport verdeutlicht die Swimmer's Body Illusion sehr gut. Spieler vom FC Bayern München sind nicht so gut, weil sie bei Bayern München spielen, sondern sie spielen bei Bayern München, weil sie so extrem gute Spieler sind.
Schau also immer genau hin, was das Selektionskriterium und was das Ergebnis ist. Beides zu verwechseln ist wahnsinnig einfach.

8. Der Halo Effekt

In der Sozialpsychologie beschreibt der Halo (Heiligenschein) Effekt das Phänomen, dass man sich von einem Aspekt blenden lässt und von diesem Aspekt auf das Gesamtbild schließt. Der Halo Effekt überstrahlt sozusagen die wahren Eigenschaften und lässt sie einen somit nicht erkennen. Meistens bezieht sich der Halo Effekt auf Personen. Dabei ist eine positive oder auch negative Eigenschaft, wie Attraktivität, Expertise oder sozialer Status, einer Person so hervorstechend, dass der Gesamteindruck absolut unverhältnismäßig beeinträchtigt wird. Der Halo Effekt kann aber auch nicht personifiziert auftreten, indem beispielsweise ein Aspekt einer Firma sämtliche andere Eigenschaften überstrahlt.

Die Werbung weiß den Halo Effekt selbstverständlich gut zu nutzen. So bewerben Personen aus einem Gebiet Produkte aus einem völlig anderen Bereich. Nur weil Joachim Löw, der Trainer der deutschen Fußballnationalmannschaft, extrem erfolgreich ist, heißt das noch lange nicht, dass er auch die beste Gesichtscreme benutzt und es macht ihn auch nicht zum Experten für Gesichtscremes. Die innere Logik dieser Werbekampagnen ist objektiv gesehen nicht nachvollziehbar, aber dennoch erfolgreich, da der Halo Effekt dem Konsumenten in der Regel unbewusst bleibt.

Ein weiteres Beispiel:
Die Firma Apple ist bekannt dafür extrem erfolgreich hochwertige Handys herzustellen. Wenn Apple nun ein Produkt aus einem völlig anderen Bereich herstellt, würden die Konsumenten automatisch auch bei diesem Produkt von der gleichen Qualität ausgehen. Der Erfolg aus dem einen Bereich verdeckt alle anderen Eigenschaften.

Um dem Halo Effekt nicht zum Opfer zu fallen, hilft es nur ganz genau hinzuschauen. Wisch das offensichtlichste Merkmal beiseite und sieh Dir alle Eigenschaften genau an.

9. Die hedonistische Tretmühle

Mit dem Effekt der hedonistischen Tretmühle (Hedonic Treadmill) beschäftigt sich die Psychologie in der Glücksforschung. Der Hedonic Treadmill Effekt beschreibt die Tendenz des Menschen sowohl nach extrem positiven als auch nach extrem negativen Lebensereignissen bzw. Lebensveränderungen ziemlich schnell wieder auf eine normale Stufe des Glücks zurückzukehren. Der Mensch überschätzt in großem Ausmaß wie lang und wie intensiv sich ein positives bzw. negatives Lebensereignis auf die Glückseligkeit auswirkt.

Untersuchungen von Lottogewinnern haben ergeben, dass sie sich bereits nach im Schnitt drei Monaten genauso glücklich fühlen wie vor ihrem Lottogewinn. Das gleiche gilt für Leute die befördert werden. Kurzzeitig fühlen sie sich sehr viel glücklicher, aber nach relativ kurzer Zeit fällt die Glückseligkeit auf das gewohnte Level zurück.

Überraschenderweise ergeht es dem Menschen bei Negativereignissen nahezu identisch. Selbst wenn eine langjährige Beziehung zu Bruch geht oder gar ein guter Freund stirbt, geht es einem nach etwa drei Monaten wieder ähnlich gut wie zuvor. Befragungen unter Querschnittsgelähmten zeigen ähnliche Ergebnisse für das Wirken des Effekts der hedonistischen Tretmühle. Querschnittsgelähmte sind nach relativ kurzer Zeit fast genauso glücklich wie vor ihrer Lähmung.

Wie schaffst Du es nun also dein Glückslevel dauerhaft zu erhöhen? Die Forschung hat dazu noch nicht viele gesicherte Erkenntnisse gewonnen. Freiheit bei der Zeiteinteilung und viel Freizeit wirken sich auch längerfristig positiv aus, während materielle Dinge nur einen kurzfristigen positiven Effekt haben. Immer wiederkehrende negative Effekte, wie zum Beispiel das tägliche im Staustehen, sollten nach Möglichkeit vermieden werden.

10. Der Self-Serving Bias

Den Self-Serving Bias könnte man mit selbstwertdienlicher Beurteilung übersetzen. Und diese Übersetzung beschreibt den psychologischen Effekt auch ziemlich gut. Beim Self-Serving Bias versucht man nämlich Erfolge sich selbst, seiner Leistung und seinen Fähigkeiten zuzuschreiben, während man Misserfolge auf andere Faktoren schiebt, auf die man keinen Einfluss hat. Das Phänomen des Self-Serving Bias kann man in jedem Bereich beobachten.

Stell Dir einen Fußballspieler beim Interview nach einem Spiel vor. Seine Mannschaft hat knapp gewonnen. Seine Bilanz: „Wir haben heute hervorragend gespielt, hatten eine tolle Taktik, waren exzellent vorbereitet und zeigten ein super Zusammenspiel." Das Selbstwertgefühl ist zu recht ganz oben. Der gleiche Spieler bei einer knappen Niederlage hört sich meist so an: „Das Wetter war schlecht, der Rasen eine Katastrophe, der Gegner extrem unsportlich und der Schiedsrichter miserabel. Da war nichts was wir hätten tun können." Die Niederlage hat also rein gar nichts mit seiner eigenen Leistung zu tun, mit einer schlechten Vorbereitung, Aufstellung oder Taktik. Es sind einzig die externen Faktoren, die zu dieser Niederlage führten. Das Selbstwertgefühl ist so gerettet.

Ähnliches Verhalten kann man überall beobachten. Politiker verkünden stolz, dass aufgrund ihres Handelns die Arbeitslosenzahl gesunken ist. Steigt selbige aber, sind es die äußeren Faktoren, auf die sie keinen Einfluss hatten. Geschäftsführer rühmen sich mit tollen Quartalszahlen, die durch ihre immense Voraussicht und mit entsprechenden Maßnahmen entstanden sind. Sind die Quartalszahlen allerdings miserabel, erlaubte die schlechte Marktlage oder Konjunktur kein besseres Ergebnis. Das Selbstwertgefühl bleibt oben - der Self-Serving Bias hat wieder zugeschlagen.

Selbstverständlich ist es nicht verkehrt, wenn das Selbstwertgefühl nicht nach jedem Misserfolg in den Keller geht. Man sollte aber stets ein gesundes Maß an Selbstkritik zulassen. Wenn man selbst dazu nicht in der Lage ist, kann eventuell ein guter Freund dabei helfen.

11. Der Dunning-Krüger-Effekt

Vom Dunning-Krüger-Effekt, oft auch Overconfidence-Effekt (Selbstüberschätzung) genannt, spricht man immer dann, wenn Du Dein Wissen und Deine Fähigkeit zu prognostizieren massiv überschätzt. Dabei ist es nicht wichtig, ob eine einzelne Schätzung stimmt oder nicht. Der Dunning-Krüger-Effekt misst stattdessen den Unterschied zwischen dem, was Du wirklich weißt, und dem, was du nur glaubst zu wissen.

Ein sehr populäres Beispiel für den Overconfidence-Effekt findet man bei verschiedenen Befragungen von Autofahrern. Theoretisch dürften sich nur die Hälfte aller Autofahrer für überdurchschnittlich gute Fahrer halten. In Umfragen halten sich aber Fahrer in 70 % bis über 90 % der Fälle für überdurchschnittlich. Das ist der Logik nach selbstverständlich unmöglich.
Bei Männern ist der Overconfidence-Effekt etwas ausgeprägter als bei Frauen und selbst Pessimisten überschätzen sich regelmäßig - nur nicht so ganz so stark.

Um der Selbstüberschätzung zu entgehen und selbige bei anderen zu erkennen, hilft es, einen skeptischen Blick zu behalten. Hinterfrage Dich, ob Du Dich wirklich richtig einschätzt oder ob Dich nicht doch der Overconfidence-Effekt überkommen hat. Und hinterfrage Andere, wenn sie Dir von ihren überdurchschnittlichen Fähigkeiten berichten.

12. Der Knappheitsirrtum

Der Knappheitsirrtum ist ein psychologischer Effekt, der schnell erklärt ist. Er sagt aus, dass der Mensch, relativ unabhängig von der Qualität des Produktes, eine Vorliebe für knappe Güter jeglicher Art zeigt. Das entbehrt selbstverständlich jeder Logik, denn ein Produkt hat nicht eine höhere Qualität, nur weil es knapp ist. Der Mensch bringt ein knappes Produkt dennoch mit hoher Qualität in Verbindung und scheint dessen Exklusivität zu lieben.

Stephen Worchel führte zum Knappheitsirrtum einen der womöglich bekanntesten Tests durch. Er bat zwei Probandengruppen die Qualität von Keksen zu bewerten. Die eine Gruppe bekam eine komplette

Packung mit Keksen, die andere Gruppe bekam dagegen nur zwei einzelne Kekse. Die Kekse waren ansonsten identisch. Die Gruppe mit den zwei Keksen bewertete in jedem Testdurchlauf die Kekse mit einer höheren Qualität. Worchel führte das auf den Knappheitsirrtum zurück.

Selbstredend haben Unternehmen mit ihren Marketingexperten den Effekt von Knappheit auf die menschliche Psyche längst erkannt und nutzen diesen selbstverständlich auch aus. Werbesprüche wie „Nur solange der Vorrat reicht!", „Nur in begrenzter Stückzahl vorhanden!" oder „Nur noch heute im Angebot!" sind jedem schon mal begegnet.

Das beste Mittel nicht auf den Knappheitsirrtum hereinzufallen ist es, sich immer wieder zu vergegenwärtigen, dass Knappheit nichts mit der Qualität eines Produktes zu tun hat.

13. Der Survivorship Bias

Der Survivorship Bias (Überlebensirrtum) bezeichnet in der Psychologie das Ziehen eines Fehlschlusses. Er bedeutet, dass Du systematisch die Erfolgswahrscheinlichkeit Deiner Handlungen oder Planungen überschätzt. Dies geschieht, weil Erfolge eine wesentlich größere Sichtbarkeit im Alltag erzeugen als Misserfolge. Du schaffst es nicht zu erkennen, wie klein die Wahrscheinlichkeit auf Erfolg in einem bestimmten Bereich ist, da Misserfolge eine spürbar kleinere bis gar keine Präsenz in der öffentlichen Berichterstattung einnehmen. Statistisch gesehen, erliegst Du einer Stichprobenverzerrung. Das heißt, Du berücksichtigst bei Deiner Einschätzung, die Zahl der Erfolglosen zu Erfolgreichen in einem völlig falschen Verhältnis.

Ein gern genommenes Beispiel für den Survivorship Bias ist der Wunsch vieler Jugendlicher der nächste Rockstar zu werden. Die Jugendlichen sehen ihr Idol ständig im Fernsehen oder Internet und hören andauernd seine Songs im Radio oder auf dem MP3-Player. Was sie nicht sehen ist, dass auf den einen erfolgreichen Rockstar, Tausende von Musiker kommen, die es nicht zu Erfolg gebracht haben. Sie sehen es nicht, weil die Medien nicht darüber berichten. Die Jugendlichen erliegen damit dem Survivorship Bias.

Das gleiche Prinzip gilt für eine riesige Auswahl an Branchen. Egal ob es sich um Sportler, Künstler, Schauspieler oder Nobelpreisträger handelt - der Erfolg Weniger überstrahlt den Misserfolg der großen Mehrheit.

Um dem Survivorship Bias nicht auf den Leim zu gehen, suche aktiv nach Fällen von Misserfolgen. Du denkst es ist leicht Schauspieler zu werden? Dann suche beispielsweise einmal im Internet nach Statistiken, wie viele Menschen eine Schauspielschule besuchen und wie viele davon statistisch eine Weltkarriere hinlegen.

14. Der Liking Bias

Der Liking Bias könnte als der „Ich-mag-Dich-Denkfehler" übersetzt werden. Er ist recht offensichtlich, man fällt aber immer wieder auf ihn rein. Er besagt: Umso sympathischer Du jemanden findest, desto geneigter bist Du, ihm zu helfen oder etwas von ihm zu kaufen. Sympathisch findest Du in der Regel eine Person, die äußerlich attraktiv wirkt, die eine Ähnlichkeit in Bezug auf Herkunft, Interessen oder Persönlichkeit aufweist und/oder die Dich selbst auch sympathisch findet. Diesen Umstand machen sich selbstverständlich verschiedenste Menschen, Organisationen und natürlich auch die Werbung zur Manipulation zu Nutze.

Politiker beherrschen das Ausnutzen des Liking Bias häufig sehr gut. Je nach Publikum unterstreichen sie die Gemeinsamkeiten mit Dir und gaukeln Dir eine Sympathie vor, nur damit Du sie am Ende wählst.

Tierschutzorganisationen bitten Dich um Spenden mit Bildern von stets niedlichen und wunderschönen Tieren. Wer empfindet nicht Sympathie, wenn Dich traurige Robbenaugen angucken. Bilder von ekligen Spinnen oder Würmern sucht man bei diesen Spendenaktionen vergeblich, obwohl sie genauso gut vom Aussterben bedroht sein könnten.

Und selbstverständlich bedient sich auch die Werbung des Liking Bias. Die Werbung setzt entweder auf extrem attraktive Menschen oder auf Personen, die Dir in irgendeiner Weise extrem ähnlich sind, damit Du das beworbene Produkt kaufst.

Als Gegenmaßnahme hilft Dir am besten, den Anderen als unsympathisch vorzustellen.

15. Der Association Bias

Assoziation beschreibt in der Psychologie die bewusste und unbewusste Verknüpfung von Gedanken. Grundsätzlich sind Assoziationen erst einmal eine gute Sache. Durch Assoziationen lernt man. Das Gedächtnis arbeitet mit Assoziationen. Der Association Bias bezeichnet hingegen eine Verknüpfung von zwei Gedanken, die eigentlich in keinem kausalen oder logischen Zusammenhang stehen. Diese falsche Verknüpfung kann in der Folge zu falschem Verhalten oder falschen Schlussfolgerungen führen, die die Qualität Deiner Entscheidungen negativ beeinflussen können.

Das berühmte Experiment von Iwan Pawlow veranschaulicht sehr gut wie der Association Bias funktioniert. Pawlow läutete bevor er dem Hund etwas zu fressen gab mit einer Glocke. Dies wiederholte er vor jeder Mahlzeit. Schon nach kurzer Zeit reichte es mit der Glocke zu läuten und bei Pawlows Hund setzte die Speichelproduktion ein. Es wurden zwei Dinge miteinander verknüpft, die so nichts miteinander zu tun haben: das Läuten der Glocke und der Speichelfluss.

Beim Menschen funktionieren diese Verknüpfungen ähnlich. Das ist auch der Grund warum Menschen im Allgemeinen nicht gerne schlechte Nachrichten überbringen. Obwohl man nichts mit dem Inhalt der schlechten Nachricht zu tun hat, wird die schlechte Nachricht mit dem Überbringer der Nachricht verknüpft. Wenn Du in Zukunft den Überbringer einer schlechten Nachricht wiedersiehst, löst dieser negative Gedanken bei Dir aus und du tendierst dazu, diese Person auch nicht zu mögen. Dieses Phänomen wird auch das „Shoot the Messenger Syndrom" genannt.

Die Werbung arbeitet selbstverständlich auch mit Assoziationen. So würdest Du in einer Werbung für Schokoriegel nie ein unglückliches, übergewichtiges Kind sehen, sondern stets lachende Kindergesichter. Du sollst das Glücklichsein mit dem Schokoriegel assoziieren.

Zur Verhinderung des Association Bias hilft es seine eigenen Assoziationen immer mal wieder zu hinterfragen. Warum mag ich Person X nicht? Warum meide ich Situation Y? Und warum kaufe ich Produkt Z? Eventuell stellt man fest, dass man nur dem Association Bias zum Opfer gefallen ist.

16. Der Spielerfehlschluss

Der Spielerfehlschluss, international auch Gambler's Fallacy genannt, bezeichnet den Irrglauben des Menschen, dass es eine ausgleichende Kraft des Schicksals gibt. Aber eine ausgleichende Kraft gibt es bei unabhängigen Ereignissen selbstverständlich nicht.

Wenn Du eine Münze wirfst und sie auf Kopf landet hat das keinen Einfluss auf den nächsten Wurf. Die Chance, dass die Münze im zweiten Wurf wieder auf Kopf landet, ist genauso hoch als dass sie auf Zahl landet. Die Chance bleibt immer 50 %. Sie ist unabhängig von vorherigen Ereignissen. Dennoch machen vor allem Spieler (daher der Name) immer wieder den Fehler Wahrscheinlichkeiten in Abhängigkeiten von vorherigen Ereignissen zu sehen.
Das gleiche Verhalten ist auch manchmal bei Lottospielern zu beobachten. Besonders aufmerksame Lottospieler führen genau Buch darüber, welche Zahlen schon lange nicht mehr gezogen wurden und tippen dann auf exakt diese Zahlen. Das ist natürlich Schwachsinn. Die vorherigen Ziehungen haben absolut keinen Einfluss auf die nächste Ziehung. Alle Zahlen haben die exakt gleiche Wahrscheinlichkeit gezogen zu werden.

Also wenn Du Dich das nächste Mal beim Glücksspiel versuchen willst, ignorier am besten alle vorangegangenen Ergebnisse.

17. Der Unterlassungsirrtum

Vom Unterlassungsirrtum, dem Omission Bias, spricht man in der Verhaltenspsychologie immer dann, wenn sowohl eine Unterlassung als auch eine Handlung zu Schaden jeglicher Art führen könnten. Der Mensch neigt in diesen Situationen dazu die Unterlassung zu wählen, da der verursachte Schaden ihm so weniger schlimm erscheint. Zudem wird das Unterlassen einer Handlung meist weniger stark sanktioniert als das Handeln, selbst wenn beides zum gleichen Ergebnis führen würde. Wenn man sich mit dem Unterlassungsirrtum näher auseinandersetzt begibt man sich schnell in philosophische, ethische Gefilde.

Hierzu ein kleines Gedankenexperiment. Fall 1: Dein Freund liegt schwer verletzt auf Bahngleisen und ein Zug nähert sich. Du könntest ihn problemlos retten, tust das aber nicht. Dein Freund wird vom Zug überrollt und stirbt. Fall 2: Dein Freund und Du stehen an den

Bahngleisen. Als der Zug sich nähert, schubst Du ihn auf die Gleise. Dein Freund wird vom Zug überrollt und stirbt. Welche der beiden Taten ist jetzt schlimmer? Beide Fälle führen zu dem exakt gleichen Ergebnis und dennoch empfindest Du den ersten Fall als weniger schlimm. Dieses Gefühl ist der Omission Bias. Nüchtern und logisch betrachtet, ist der erste Fall aber genauso schlimm wie der der zweite.

Der Omission Bias ist selbst bei uns in der Rechtsprechung verankert. Denk dabei an die aktive Sterbehilfe. Diese wird vom Gesetzgeber in Deutschland ausdrücklich untersagt und bei Zuwiderhandlung sanktioniert. Der freiwillige Verzicht auf lebenserhaltende Maßnahmen ist hingegen gestattet und wird keineswegs sanktioniert. Warum ist das so? Auch hier wirkt der Omission Bias. Das Unterlassen einer Handlung wird als weniger schlimm empfunden als eine Handlung, auch wenn beides zum gleichen Ergebnis führen würde.

18. Das Auswahl-Paradox

Das Auswahl-Paradox, oder auch Paradox of Choice, beschreibt das Phänomen, dass eine zu große Auswahl die Entscheidungsfindung stark behindert. Das überrascht auf den ersten Blick, da eine große Auswahl eigentlich etwas Positives ist. Eine zu große Auswahl führt allerdings zu einer Reihe von Problemen. Erstens: Eine zu große Auswahl führt zu einer Art inneren Lähmung. Die Auswahl ist so groß, dass Du Dich überhaupt nicht entscheiden kannst. Zweitens: Eine zu große Auswahl führt zu schlechteren Entscheidungen. Du schaffst es durch die schiere Größe der Auswahl nicht mehr eine objektiv vernünftige Entscheidung zu treffen. Drittens: Eine zu große Auswahl führt zu Unzufriedenheit. Du bist Dir absolut unsicher für welche Auswahlmöglichkeit Du Dich entscheiden sollst und selbst wenn Du Dich für etwas entschieden hast, haderst Du mit der Entscheidung.

Der Psychologe Barry Schwartz führte zum Paradox of Choice ein Experiment in einem Supermarkt durch. Er stellte den Kunden 24 Sorten Marmelade zum Probieren zur Verfügung und die Kunden konnten selbige mit Rabatt kaufen. Am darauffolgenden Tag stellte er den Kunden lediglich drei Sorten Marmelade zum

Probieren zur Verfügung und die Kunden kauften an diesem Tag etwa zehn Mal mehr Marmelade. Seine Schlussfolgerung: Der Kunde war am ersten Tag schlichtweg durch die riesige Auswahl überfordert und entschied sich deshalb lieber gar keine Marmelade zu kaufen. Aufgrund dieses Experiments wird das Paradox of Choice auch manchmal als Marmeladen-Paradoxon bezeichnet.

19. Der Outcome Bias

Outcome Bias ist die Tendenz, die Richtigkeit von Entscheidungen lediglich anhand des Ergebnisses zu bewerten und den Prozess der Entscheidungsfindung dabei völlig außer Acht zu lassen. Warum ist das ein Problem?

Hierzu ein kleines Gedankenexperiment: Nimm an Du schreibst nächste Woche eine Klausur. Es wird lediglich eins von drei möglichen Themen abgefragt. Da Du ein bisschen faul bist, bereitest Du Dich nur auf ein Thema vor. Genau dieses Thema kommt nun glücklicherweise dran und Du erhältst eine hervorragende Note. Das Ergebnis stimmt. Jetzt nimm an Du bereitest Dich in der gleichen Situation auf zwei Themen sehr gut vor und aus Zeitmangel auf ein Thema nur mittelmäßig. Und tatsächlich kommt das Thema dran, auf das Du am schlechtesten vorbereitet bist und du erhältst lediglich eine mittelmäßige Note. Das Ergebnis des ersten Falls ist zwar das Bessere, aber der Prozess der zu diesem Ergebnis geführt war der Falsche. Auf lange Sicht wird diese Methode keinen Erfolg haben.

Ein zweites Beispiel: Fußballtrainer sind häufig Opfer des Outcome Bias. Solange die Ergebnisse stimmen, werden Aufstellungen oder Trainingssteuerung nicht hinterfragt, aber sobald die Ergebnisse nicht mehr stimmen, verlieren sie selbst bei über Jahre hinweg toller Trainingsarbeit wahnsinnig schnell ihren Job.

Die Lehre: Hinterfrage, sowohl bei positiven als auch bei negativen Ergebnissen, immer wieder wie es zu diesem Ergebnis kam. Nur so kannst Du dem Outcome Bias entkommen. Schlechte Ergebnisse bedeuten nicht, dass die Entscheidungen, die Du vorher getroffen hast, auch schlecht waren. Und gute Ergebnisse bedeuten ebenso nicht, dass die vorherigen Entscheidungen allesamt richtig waren.

20. Der Authority Bias

Vom Authority Bias spricht man immer dann, wenn Du aufgrund der Präsenz einer Autorität das selbstständige Denken um ein wesentliches Maß zurückschaltet. Du bist im Allgemeinen, Meinungen von vermeintlichen Experten gegenüber, wesentlich unvorsichtiger als Meinungen von anderen Personen. Der Mensch neigt dazu, selbst dort, wo es weder moralisch noch rational Sinn macht, Autoritäten zu gehorchen. Als Autorität kann dabei fast jeder „Experte" durchgehen, egal ob Arzt, Wissenschaftler, Politiker, Lehrer oder Unternehmensberater.

Man kann nicht vom Authority Bias sprechen, ohne das Milgram-Experiment aus dem Jahr 1961 zu erwähnen. In diesem wurde der Effekt des Authority Bias eindrucksvoll belegt. Versuchspersonen waren in diesem Experiment vom Versuchsleiter (Experte/Autorität) angehalten einer dritten Person immer stärkere Stromschläge zuzufügen. Die Stromstärke reichte von 15 Volt bis hin zu eigentlich tödlichen 450 Volt. Selbst als das angebliche Opfer vor Schmerzen schrie und sich krümmte, erhöhten die meisten Versuchspersonen die Stromstärke auf Anweisung des Versuchsleiters immer weiter. Mehr als die Hälfte aller Versuchspersonen erreichte gar die stärkste Stromstärke. Das alles taten sie aus reinem Gehorsam gegenüber einer Autorität. Selbstverständlich floss im Milgram-Experiment nicht wirklich Strom und das vermeintliche Opfer war lediglich ein Schauspieler.

Ein weiteres Beispiel für die Existenz des Authority Bias ist in der Pilotenausbildung zu beobachten. Viele Unfälle mit Flugzeugen gehen auf Pilotenfehler zurück, die durchaus von ihren Co-Piloten bemerkt worden waren, aber aus Respekt oder Angst vor der Autorität des Piloten, nicht angemerkt wurden. Daraufhin wurde die Pilotenausbildung verändert und den angehenden Piloten der Authority Bias quasi abtrainiert.

Um den Authority Bias zu vermeiden, solltest Du Dir auch Experten gegenüber immer eine kritische Einstellung bewahren.

21. Der Confirmation Bias

Der Confirmation Bias (Bestätigungsfehler) gilt in der Psychologie als der Vater aller Denkfehler. Er bezeichnet die Tendenz, neu gewonnene Informationen so auszuwählen und zu interpretieren, dass sie mit Deinen bestehenden Theorien und Überzeugungen übereinstimmen. Das heißt auch, dass neue Informationen, die Deinen Theorien und Überzeugungen widersprechen (Disconfirming Evidence), ausgefiltert oder einfach ignoriert werden. Die Neigung Disconfirming Evidence zu ignorieren kann gefährlich werden, weshalb es sich Wissenschaftler in der Regel zur Aufgabe gemacht haben, wenn sie eine neue Theorie aufstellen, nicht nach bestätigenden Beweisen zu suchen, sondern nach Beweisen, die ihre Theorie widerlegen könnten. In fast allen Bereichen begehen Menschen den Bestätigungsfehler oder machen sich selbigen zu Nutze.

Parteien in der Politik begehen immer wieder (absichtlich) den Confimation Bias, um den potenziellen Wähler von der Richtigkeit ihrer Wahlkampfkampagnen zu überzeugen. Nimm einmal an eine Partei ist gegen Flüchtlinge. Ihr Slogan ist „Flüchtlinge begehen Verbrechen und verweigern sich der Integration". In der Folge suchen sie nur nach Informationen, die diese

These bestätigen. Es werden nur Geschichten gesucht und geteilt, in denen Flüchtlinge als Straftäter in Erscheinung treten. Der Großteil der friedlichen, integrierten Flüchtlinge wird dabei völlig ignoriert.

Um den Confirmation Bias zu vermeiden, solltest Du also stets Deine Theorien, Thesen und Überzeugungen überprüfen, indem Du nach widersprüchlichen Informationen anstelle von bestätigenden Informationen suchst. Dies ist gerade in Zeiten des Internets, in dem man sich schnell in Communitys von Gleichdenkenden wiederfindet, von großer Wichtigkeit.

22. Der Verfügbarkeitsfehler

In die Falle des Verfügbarkeitsfehlers (Availability Bias) fällst Du immer dann, wenn Du die Häufigkeit, Wahrscheinlichkeit oder auch Wichtigkeit eines Ereignisses bewerten musst, Dir aber keine tatsächlichen statistischen Daten zur Verfügung stehen. Anstelle der Daten greifst du dann für gewöhnlich auf Beispiele aus deinem bisherigen Leben oder auf Berichte der Massenmedien zurück.

So kann Dir das Rauchen von Zigaretten wesentlich ungefährlicher erscheinen, weil Dein Onkel seit 30 Jahren jeden Tag zwei Schachteln Zigaretten raucht, bei ihm aber keine Anzeichen für Lungenkrebs zu erkennen sind.

Oder stell Dir einmal vor Du sitzt mit Deiner Cola am Flughafen und wartest auf Deinen Flug. Während des Wartens erinnerst Du Dich an den schlimmen Flugzeugabsturz letztes Jahr, bei dem über 200 Menschen ums Leben gekommen sind und über den die Medien wochenlang berichtet haben. Du bekommst es schon mit der Angst zu tun. Dabei ist die Wahrscheinlichkeit mit einem Flugzeug abzustürzen verschwindet gering. Statistisch gesehen solltest Du Dir viel größere Sorgen darüber machen nicht zu viel Cola zu trinken, um nicht an Diabetes zu erkranken. Jährlich sterben allein in Deutschland über 100.000 Menschen an den Folgen von Diabetes. Da Dir persönlich kein Diabetesfall aus Familien- oder Freundeskreis bekannt ist, schätzt Du die Wahrscheinlichkeiten völlig falsch ein.

Alleine ist es unheimlich schwer gegen den Availability Bias anzukommen. Das Beste ist, wenn Du Dich mit Freunden umgibst, die andere Erfahrungen in ihrem Leben gesammelt haben und anders denken als Du.

23. Der Sunk Cost Fallacy Effekt

Die Sunk Cost Fallacy oder der Irrtum der versunkenen Kosten findet immer dann statt, wenn Du an einer Sache weiter festhältst, mit der Begründung, dass Du bereits schon so viel Geld, Zeit, Energie oder Liebe in die Sache investiert hast, selbst wenn es objektiv betrachtet überhaupt keinen Sinn mehr macht daran festzuhalten. Anders ausgedrückt: Je höher Dein bisheriges Investment ist, desto schwerer fällt es Dir ein bestimmtes Projekt für beendet oder gescheitert zu erklären.

Für die Sunk Cost Fallacy gibt es unzählige Beispiele. Nimm einmal an Du befindest Dich im Kino. Der Film läuft bereits eine Stunde und Du findest ihn total fürchterlich. Logisch wäre es jetzt aufzustehen und die zweite Hälfte nicht mehr zu sehen, um nicht noch mehr Zeit zu verschwenden. Stattdessen aber bleibst du im Kinosaal sitzen, da du ja schon Zeit und Geld investiert hast. Durch das Sitzenbleiben verlierst du aber überflüssigerweise noch mehr Zeit, ohne einen vernünftigen objektiven Grund. Du bist Opfer der Sunk Cost Fallacy geworden.

Ein Tipp, um nicht in die Falle der versunkenen Kosten zu geraten, ist sich bewusst zu machen, dass die bereits investierten Kosten meist (relativ) irrelevant sind. Was wirklich zählt ist die jetzige Situation und die mögliche Entwicklung in der Zukunft.

24. Der Kontrasteffekt

Der Kontrasteffekt beschreibt in der Psychologie die Schwierigkeiten eines Menschen absolute Beurteilungen zu treffen. Er sieht es fast immer in Relation zu etwas anderem. Etwas kann schöner erscheinen, wenn es neben etwas Hässlichem steht. Etwas Leichtes kann schwer erscheinen, wenn es mit etwas noch leichterem verglichen wird.

Ein konkretes Beispiel: Du willst Dir ein neues Handy kaufen, aber aus irgendwelchen Gründen kostet es 1500 EUR anstelle von nur 1000 EUR. Normalerweise wirst Du das Handy nicht kaufen, da Dir der Aufpreis doch sehr happig vorkommt. Jetzt nimm an, dass Du Dir Dein Traumauto kaufen willst. Das kostet regulär 40.000 EUR, kostet jetzt aber 40.500 EUR. Du wirst das Auto wahrscheinlich trotzdem kaufen. Aber warum entscheidest Du Dich in einem Fall so und in dem anderen Fall anders. In beiden Fällen zahlst Du 500 EUR zu viel. Durch den Kontrasteffekt bewertest du die Summe von 500 EUR einmal als viel und einmal als wenig, obwohl 500 EUR immer 500 EUR bleiben.

Sich selbst bewertet man häufig auch vor dem Hintergrund des Kontrasteffekts. Wenn Du Dir beispielsweise die Hollywood Schönheiten im TV ansiehst, kommst Du Dir selbst manchmal nicht so schön vor. Wenn Du aber Deinem etwas älteren, übergewichtigen Nachbarn in Jogginghose auf der Straße begegnest, erscheint Dir Dein Selbstbild wesentlich positiver. Obwohl Du beide Male die absolut gleiche Person bist, bewertest Du Dich selber komplett anders.

25. Social Loafing

Social Loafing, das soziale Faulenzen oder auch Trittbrettfahren, ist immer dann zu beobachten, wenn die Leistung des Einzelnen nicht direkt sichtbar wird, sondern mit der Leistung der Gruppe verschmilzt. Social Loafing ist sowohl bei körperlichen als auch bei geistigen Leistungen zu beobachten.

Hierzu jeweils ein Beispiel aus beiden Bereichen:
In einem Experiment wurde der Kraftaufwand beim Tauziehen gemessen. Als Basisrate wurde der Kraftaufwand benutzt, der besteht, wenn man alleine zieht (100 %). Wird zu zweit an einem Tau gezogen, wendet man nur noch 93 % seiner Kraft auf, bei drei Personen nur noch 85 % und bei acht Personen sind es noch lediglich 49 % des Kraftaufwands. Es scheint ein natürlicher Reflex zu sein, nicht die volle Kraft zu investieren, wenn es auch mit weniger geht. Interessanter und verständlicherweise sieht die Leistung beim Staffellauf anders aus. Hier gibt jeder Läufer 100 %, da die Einzelleistung offensichtlich ist und niemand durch eine schwache individuelle Leistung negativ auffallen möchte.

Wie erwähnt findet Social Loafing nicht nur bei körperlichen Arbeiten, sondern auch bei geistigen Leistungen statt. Fast jeder hat das während seiner Schulzeit in Gruppenarbeiten miterlebt. Selbst wenn die besten Schüler zusammenarbeiten, kommen häufig schlechtere Leistungen zu Stande als wenn sie alleine arbeiten würden. Eine Folge des sozialen Faulenzens. Jeder in der Gruppe tut nur so viel, dass er nicht aus der Gruppe ausgeschlossen wird oder sein Ruf / Beliebtheit Schaden erleiden würde.

Social Loafing ist schwer entgegenzuwirken und irgendwie auch ganz natürlich. Eine Möglichkeit das Trittbrettfahren zu bekämpfen, ist es zu versuchen die Leistungen der einzelnen Gruppenmitglieder sichtbar zu machen.

Schlusswort

Erstmal möchte ich mich herzlich bei Dir bedanken, dass Du bis zum Ende mitgelesen hast. Das zeigt auch Dir selbst, dass Du den nötigen Willen zu Veränderung hast. Nun geht es nur noch darum, das Gelernte auch tatsächlich in die Tat umzusetzen.

Versuche Dir bei der Umsetzung dieses Buches immer realistische Ziele zu setzen. So wirst Du schon bald sehen, dass Du einen großen Schritt dahin kommen wirst, wo Du hin wolltest. Wir haben schon am Anfang besprochen, wie wichtig die eigene Selbstwirksamkeit ist. Du brauchst keiner anderen Person etwas zu beweisen, sondern nur Dir selbst. Damit das auch gelingen kann, ist es wichtig, sich von Anfang an realistische Ziele zu setzen. Wenn Du dies tust, wirst Du auch schnell bemerken, dass sich negative Mechanismen Stück für Stück abbauen werden. Du musst nur darauf achten, dass Du Dich selbst nicht schon von Anfang an überforderst. Es kann auch immer hilfreich sein an dieser Stelle eine dritte Person heranzuholen, um seine Ziele zu erreichen. Insbesondere bei den im Buch vorgestellten 25 psychologischen Mechanismen wird es Dir schwer fallen, bei einigen mehr und bei anderen weniger, aufgrund der dahinter stehenden psychologischen Hintergründe adäquat zu reagieren und Du hierfür zunächst ein Gefühl bzw. das Bewusstein des jeweils zugrunde legenden psychologischen Effekts entwickeln musst.

Mit diesen Worten möchte ich mich auch schon von Dir verabschieden und wünsche Dir viel Erfolg bei der Umsetzung dieses Buches!
Dein Victor Langbehn

Rechtliches und Impressum

Die Inhalte dieses Buches wurden anhand von anerkannten Quellen recherchiert und mit hoher Sorgfalt geprüft. Der Autor übernimmt dennoch keinerlei Gewähr für die Aktualität, Richtigkeit und Vollständigkeit der bereitgestellten Informationen.

Haftungsansprüche gegen den Autor, welche sich auf Schäden gesundheitlicher, materieller oder ideeler Art beziehen, die durch Nutzung oder Nichtnutzung der dar-gebotenen Informationen bzw. durch die Nutzung fehlerhafter und unvollständiger Informationen verursacht wurden, sind grundsätzlich ausgeschlossen, sofern seitens des Autors kein nachweislich vorsätzliches oder grob fahrlässiges Verschulden vorliegt. Dieses Buch ist kein Ersatz für medizinische oder professionelle Beratung und Betreuung.

Auflage 05/2018

Kontakt: Tim Ong/ Türkstr. 4/ 30167 Hannover
Coverfoto: Andrey_Kuzmin/shutterstock.com
Formatierung: Victor Langbehn

27334106R00061

Printed in Poland
by Amazon Fulfillment
Poland Sp. z o.o., Wrocław